Louis I. Kahn
FORMA Y DISEÑO

Colección Diagonal

Louis I. Kahn

FORMA Y DISEÑO

Ediciones Nueva Visión
Buenos Aires

Kahn, Louis I.
Forma y diseño - 1ª ed., 12ª reimp.- Buenos Aires: Nueva
Visión, 2011.
64 p.; 19,5x12,5 cm. (Diagonal)

Traducido por Marta J. Rabinovich y Jorge Piatigorsky

I.S.B.N. 978-950-602-073-6

1. Arquitectura-Diseño. I. Rabinovich, Marta J., Piatigorsky, Jorge, trad. II. Título
CDD 729

Los artículos que componen este libro fueron extraídos de las siguiente fuentes:
• "Form and Design", de la *Forum Lectures* de la *Voice of America* y de la revista *Architectural Design*, abril de 1961;
• "A Statement", de *Perspecta 7*, The *Yale Architectural Journal*, 1961;
• "Order in Architecture", de *Perspecta 4*, 1957;
• "Order and Form", de *Perspecta 3*, 1955.
Agradecemos al autor y a la dirección de las citadas revistas la colaboración prestada.

I.S.B.N. 978-950-602-073-6

Traducción de Marta J. Rabinovich y Jorge Piatigorsky

Toda reproducción total o parcial de esta obra por cualquier sistema –incluyendo el fotocopiado– que no haya sido expresamente autorizada por el editor constituye una infracción a los derechos del autor y será reprimida con penas de hasta seis años de prisión (art. 62 de la ley 11.723 y art. 172 del Código Penal).

© 1984 por Ediciones Nueva Visión SAIC. Tucumán 3748, (1189) Buenos Aires, República Argentina. Queda hecho el depósito que marca la ley 11.723. Impreso en la Argentina / Printed in Argentina

Forma y diseño

Un joven arquitecto me ha formulado esta pregunta: —Sueño con espacios maravillosos, espacios que surgen y se desarrollan fluidamente, sin comienzo ni fin, hechos de un material continuo, blanco y oro. ¿Por qué cuando trazo la primera línea sobre el papel, tratando de fijar el sueño, éste resulta desmerecido?

Es una pregunta interesante. He aprendido que una buena pregunta tiene más valor que la más brillante de las respuestas. Esta es una pregunta que se relaciona con lo mensurable y lo inconmesurable. La naturaleza —la naturaleza física— es mensurable. Las emociones y la fantasía no tienen medida, no tienen lenguaje, y los sueños de cada uno son distintos. Todo lo que se hace, no obstante, obedece a las leyes de la naturaleza. El hombre es siempre más grande que sus obras porque nunca puede expresar completamente sus aspiraciones. Para expresarse a través de la música o de la arquitectura debe recurrir a medios mensurables como la composición y el diseño. La primera línea sobre el papel es ya una medida de lo que puede ser expresado cabalmente. La primera línea sobre el papel es ya una limitación.

—Entonces —preguntó el joven arquitecto—, ¿cuál es la disciplina, cuál es el ritual que puede acercarnos a la psique? Porque es en esta aura sin materia ni lenguaje donde siento que el hombre verdaderamente es.

—Vuelva al Sentimiento, aléjese del Pensamiento. En el Sentimiento está la Psique. El Pensamiento es el Sentimiento más la presencia del Orden. El Orden, hacedor de toda existencia, no tiene *Voluntad de Ser*. Prefiero la palabra Orden en lugar de Conocimiento, porque el conocimiento personal no alcanza a expresar el pensamiento en forma abstrarta. Esta *Voluntad de Ser* está en la Psique. Todo lo que deseamos crear tiene su principio, exclusivamente, en el sentimiento. Esto que es verdad para el científico, lo es igualmente para el artista.

Pero le previne a mi interlocutor que contar sólo con el Sentimiento e ignorar el Pensamiento significa no realizar.

Dijo el joven arquitecto: —Vivir y no realizar es intolerable. Los sueños llevan implícitos la *voluntad de ser* y el deseo de expresar esa *voluntad*. El Pensamiento es inseparable del Sentimiento. ¿De qué manera puede entonces el Pensamiento entrar a formar parte de la creación, de modo que esta voluntad psíquica pueda ser más cabalmente expresada? Esta es mi segunda pregunta.

—Cuando el sentir personal se trasciende en la Religión (no en *una* religión, sino en la esencia de la religión) y el Pensamiento nos lleva a la Filosofía, la mente se abre hacia la comprensión. Comprensión de la virtual *voluntad de ser* de, digamos, determinados espacios arquitectónicos. La comprensión es la combinación del Pensamiento y el Sentir en un momento en que la mente se halla en una relación más estrecha con la psique, origen de *lo que una cosa quiere ser*. Este es el comienzo de la Forma. La Forma implica una armonía de sistemas, un sentido del Orden y de lo que individualiza una existencia. La forma no tiene figura ni dimensión. Por ejemplo, "cuchara" (el concepto de cuchara) caracteriza una forma que posee dos partes inseparables, —el mango y el receptáculo cóncavo— en tanto que *una* cuchara implica un diseño específico hecho en plata o madera, grande o pequeña, profunda o no.

La Forma es el "qué". El Diseño es el "cómo". La Forma es impersonal, el Diseño pertenece al diseñador. Diseñar es un acto circunstancial, depende del dinero de que se disponga, del sitio, del cliente, de la capacitación. La Forma nada tiene que ver con las condiciones circunstanciales. En arquitectura, caracteriza una armonía de espacios adecuada para cierta actividad del hombre.

Reflexione entonces sobre lo que caracteriza en abstracto los conceptos "casa", "*una* casa", o "el hogar". "Casa" es el concepto abstracto de espacios convenientes para vivir en ellos. "Casa" es por lo tanto una forma mental, sin configuración ni dimensión. "*Una* casa", en cambio, es una interpretación condicionada de esos espacios. Esto último es diseño. En mi opinión, el valor de un arquitecto depende más de su capacidad para aprehender la idea de "casa", que de su habilidad para diseñar "*una* casa", que es un acto determinado por las circunstancias. "El hogar" es la casa y los ocupantes. "El hogar" varía de acuerdo con el ocupante.

El cliente para el que se diseña una casa señala al arquitecto las superficies que necesita. El arquitecto crea espacios a partir de estos requerimientos. Una casa creada de esta manera para una familia determinada debe poseer la cualidad de servir también para otra familia. De esta manera el diseño refleja su fidelidad a la Forma.

Concibo a la escuela como un medio ambiente constiuido por espacios en los cuales se puede estudiar satisfactoriamente. Las escuelas comenzaron con un hombre, que no sabía que era un maestro, discutiendo bajo un árbol sus experiencias con unos pocos que ignoraban, a su vez, que eran estudiantes. Estos últimos, reflexionando sobre lo que se había discurrido y sobre lo útil que les había resultado la presencia de este hombre, aspiraron entonces a que sus hijos también escucharan a un hombre semejante. Pronto se erigieron los espacios necesarios y aparecieron las primeras escuelas. La aparición de la escuela era inevitable porque formaba parte de los deseos del hombre.

Nuestros vastos sistemas educativos, ahora institucionalizados, surgieron de esas pequeñas escuelas, pero el espíritu de sus comienzos se ha olvidado. Los locales que requieren hoy nuestras instituciones son estereotipados y faltos de sugerencias. Las aulas uniformes, los corredores con sus armarios y el resto de las dependencias están dispuestos por el arquitecto en procura de una respuesta supuestamente funcional que no exceda los límites métricos y presupuestarios rígidamente impuestos por las autoridades. Estas escuelas, aunque agradables, son pobres de arquitectura, porque no reflejan el espíritu de ese hombre que enseñaba bajo el árbol. Sin embargo, todo el sistema de escuelas que siguió a aquel comienzo no hubiera sido posible si el comienzo mismo no hubiera estado en armonía con la naturaleza del hombre. Es probable que la voluntad de ser de la escuela existiera aún antes que la circunstancia del hombre bajo el árbol.

Es bueno para la mente volver a los comienzos, porque el comienzo de toda actividad estable del hombre es su momento más maravilloso. En él se encuentra todo su espíritu y toda su riqueza, y es en él donde debemos buscar constantemente inspiración para resolver nuestras necesidades actuales. Podemos contribuir al engrandecimiento de nuestras instituciones brindándoles nuestro modo de sentir esa inspiración a través de la arquitectura que le ofrecemos.

Reflexione entonces sobre el significado de escuela, en contraste con el de *una* escuela o institución. La institución es la autoridad que nos expone las necesidades a las que debemos responder. *Una* escuela, un diseño específico, es lo que la institución espera de nosotros. Pero Escuela —el espíritu Escuela, la esencia de la *voluntad de ser*— es lo que el arquitecto debe expresar por medio de su diseño.

Esto es lo que distingue al arquitecto del mero diseñador.

En la escuela como reino de los espacios aptos para el estudio, el hall de entrada —que para la institución es sólo un área de equis metros cuadrados por alumno— se convertiría en un generoso espacio tipo Panteón que invitaría a los alumnos a entrar. Los corredores, de dimensiones más amplias, abiertos hacia los jardines, quedarían transformados en verdaderas aulas, propiedad de los estudiantes. En estos lugares los muchachos se reunirían con las chicas y podrían discutir las clases de los profesores. Si estos espacios fueran también utilizados en horas de clase, y no solamente en los intervalos entre ellas, se convertirían en lugares de reunión, ofreciendo así la oportunidad de intercambio y de estudio. En este sentido vendrían a ser aulas de propiedad de los alumnos. Las aulas propiamente dichas deberían reflejar su uso a través de la variedad espacial y no mantener una semejanza de dimensiones de tipo familiar, porque una de las más grandes cualidades del maestro que enseñaba bajo el árbol era la de reconocer la individualidad de cada hombre. Un maestro o un alumno que se encuentra en una habitación frente a una chimenea, rodeado de poca gente, no es el mismo cuando se halla en una gran habitación junto con muchas personas. ¿Puede estar el comedor en un sótano, aunque el tiempo que allí se pase sea escaso? El momento de descanso de la comida, ¿no es también parte de la enseñanza?

Mientras estoy solo, escribiendo en mi estudio, tengo sensaciones distintas acerca de las mismas cosas que las que tenía cuando, hablando sobre ellas, me dirigía hace pocos días a un grupo numeroso en Yale. El espacio es fuerte y da el tono. Además, el concepto de que cada persona es un individuo distinto sugiere también la necesidad de la variedad de espacios, y de la variedad de iluminación natural y de orientación relativa de los recintos y el jardín. Este tipo de espacios es capaz de producir nuevas ideas para el plan de estudios, para una mejor vinculación entre el maestro y el alumno, para una mayor vitalidad en el desarrollo de la institución.

La comprensión de lo que caracteriza a los espacios ideales para una escuela, por parte del instituto de enseñanza que la requiere, obliga al arquitecto a enterarse de lo que la Escuela *quiere ser*, es decir, a tomar conciencia de la forma Escuela.

En este mismo sentido me gustaría referirme a una Iglesia Unitaria.

El primer día hablé delante de la congregación utilizando un pizarrón. De las discusiones del ministro con los hombres que lo rodeaban deduje que el aspecto formal, la concepción formal de la actividad Unitaria, se basa en la Pregunta. La eterna Pregunta de por qué sucede todo. Yo tenía que llegar a comprender qué voluntad de ser y qué orden de espacios expresaba la Pregunta. Dibujé un diagrama en el pizarrón con la intención de que sirviera como dibujo de la Forma de la iglesia [1]; por supuesto, de ningún modo era un diseño que yo sugería. Dibujé un cuadrado central, dentro del cual coloqué un signo de interrogación. Digamos que ése era el santuario. Lo rodeé de un ambulatorio, destinado a aquellos que no desearan penetrar en el santuario. Alrededor del ambulatorio dibujé un corredor, limitado por el círculo exterior, que contenía el espacio destinado a *la escuela*. Estaba claro que la Escuela, en la que se originaba la Pregunta, se convertiría en el muro que la rodeaba. Esto era la expresión de la forma de la iglesia, no su diseño.

En relación con esto, consideraré por un momento el significado de la Capilla en una universidad. ¿Radica este significado en los mosaicos, los vidrios de colores, los efectos de agua y otros artificios conocidos? ¿No se trata más bien del lugar de un ritual inspirado que podría expresarse por el gesto de un alumno que pasa cerca de la Capilla, después que un buen maestro le ha mostrado el verdadero sentido de la dedicación al trabajo? El alumno no siente la necesidad de entrar.

Este lugar, que por el momento no describiré, posee un ambulatorio para el que no desee entrar. El ambulatorio está rodeado a su vez por una galería, para el que no quiera pasar al ambulatorio. La galería da sobre el jardín, para el que prefiera no pasar a la galería. El jardín tiene una pared y el alumno puede hallarse fuera, dirigiéndose a ella con un gesto. Se trata pues de un rito inspirado, no establecido, y es la base de la forma Capilla.

Volvamos a la Iglesia Unitaria. Mi primera solución fue una figura completamente simétrica: un cuadrado. Las aulas formaban la periferia del edificio, cuyos ángulos estaban ocupados por habitaciones mayores. En el espacio central se situaban el santuario

[1] Véase más adelante el artículo "Una conversación".

Planta de la cuarta etapa.

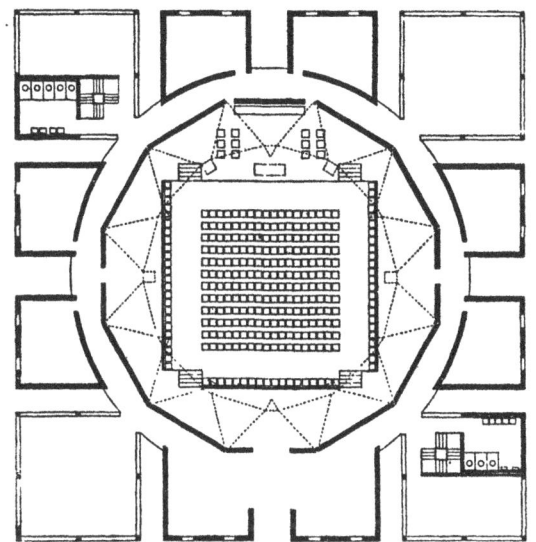

*Iglesia Unitaria
Rochester, N.Y.*

Planta del primer proyecto: En el centro; un santuario cuadrado, aislado, cubierto por una rotonda profundamente artesonada, a través de la cual proporcionan luz lucernarios instalados a espacios regulares. Un corredor continuo rodea al espacio central y sirve para conectar las aulas y salas para actividades sociales que forman así la pared exterior del edificio. Las actividades de estas salas son tan esenciales para la práctica del Unitarismo como lo es el espacio central.

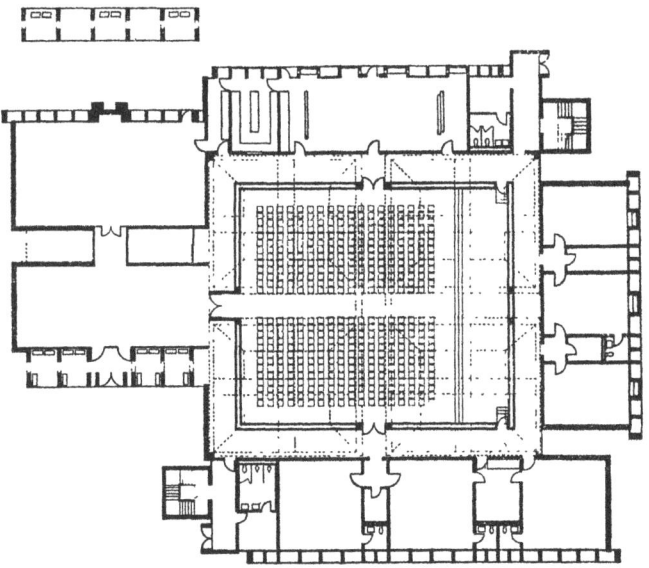

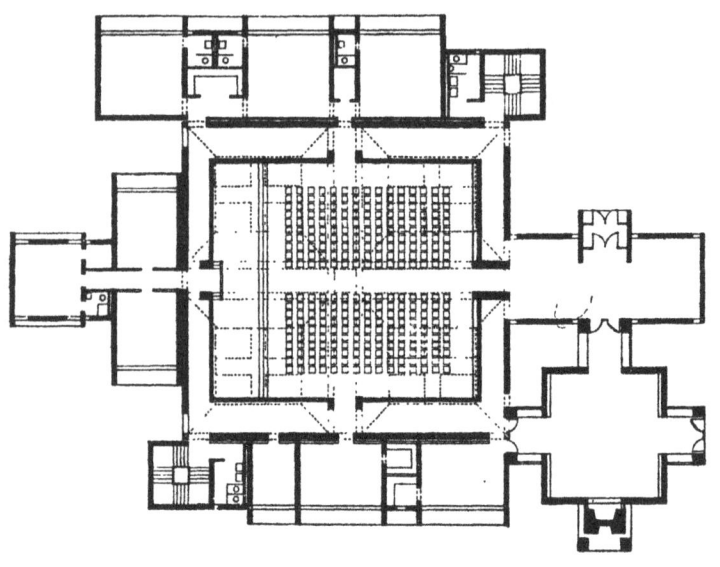

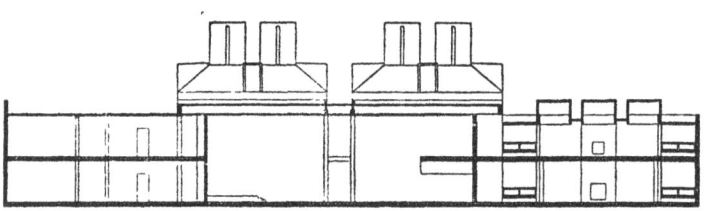

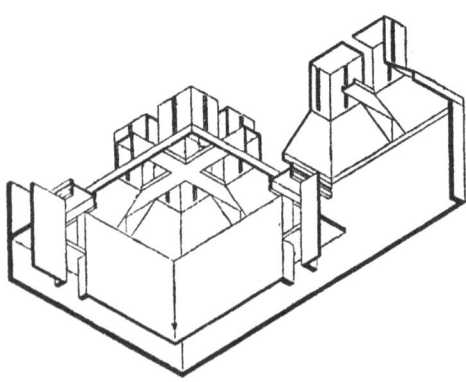

En esta página:
Planta y cortes de la tercera etapa.

En la página siguiente:
Planta y cortes de la quinta etapa.
1 Lugar de reunión.
2 Hall.
3 Biblioteca.
4 Lugar de descanso.
5 Habitación de trabajo para mujeres.
6 Reuniones comité.
7 Habitación del pastor.
8 Aula.

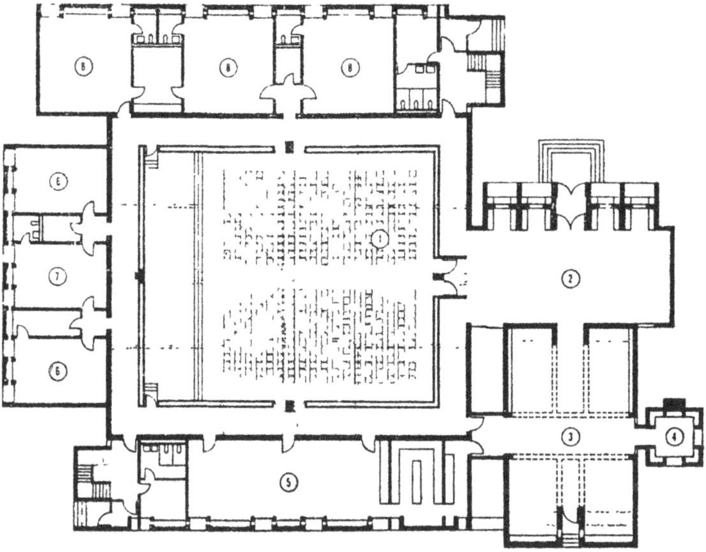

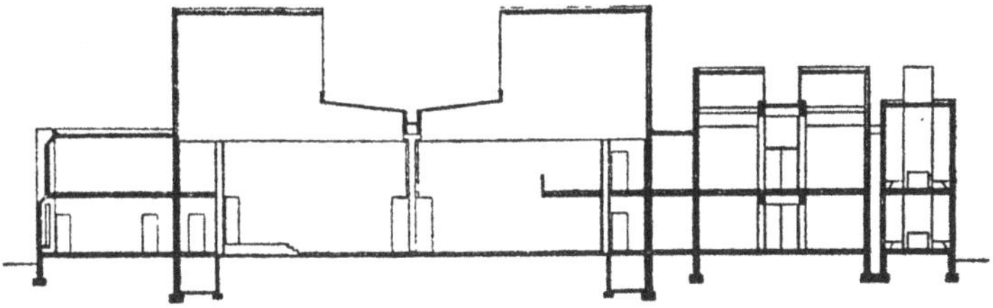

En esta planta definitiva de la iglesia la forma no ha variado. Las aulas y salas para actividades sociales aún hacen de marco íntimo al espacio central. Ha variado solamente el diseño. Se ha adaptado a las necesidades circunstanciales de una congregación particular.

En las cuatro esquinas se elevan enormes lucernarios, para proporcionar luz al espacio central. La inclinación del techo hacia las vigas cruzadas centrales responde a necesidades estructurales, acústicas y de desagüe.

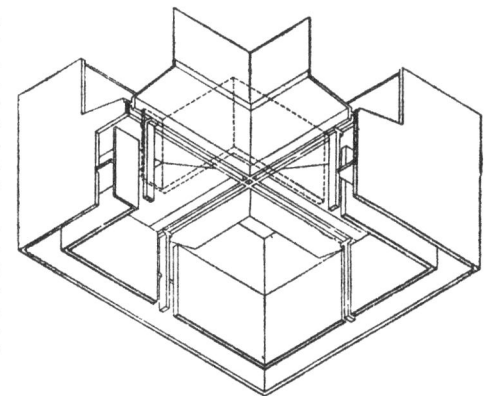

y el ambulatorio. El diseño tenía una disposición muy similar a la del diagrama que había dibujado en el pizarrón. En principio la idea gustó a todos, hasta que los intereses particulares de cada uno de los miembros del comité comenzaron a socavar la rígida geometría en que estaba basada. Pero la premisa original de la escuela alrededor del santuario se mantenía.

Ajustarse a lo circunstancial es justamente el papel que compete al diseño. Durante una discusión con los miembros del comité, algunos insistieron en que el santuario debía estar completamente separado de la escuela. Yo lo acepté, provisoriamente, y coloqué entonces el auditorium en un lugar aparte y lo conecté con la escuela mediante una pequeña circulación. Pronto se dieron cuenta de que la hora del café, después de la ceremonia, exigía varias habitaciones próximas al santuario, y que al hallarse éstas en un bloque independiente no llegaban a cumplir sus funciones y sería necesario duplicarlas. Además, las aulas, con la separación, perdían el poder de evocar su objeto religioso e intelectual, de modo que volvieron a agruparse alrededor del santuario. El diseño final difiere del primero, pero la forma se mantiene.

Quiero decir algo más acerca de la diferencia que existe entre forma y diseño, acerca de la concepción, acerca de los aspectos mensurables y no mensurables de nuestro trabajo y de sus limitaciones. Giotto fue un gran pintor. Porque fue un gran artista, pintó cielos diurnos de color negro, pájaros que no podían volar, perros que no podían correr y hombres más altos que las puertas. Un pintor tiene estas prerrogativas. No tiene por qué responder a los problemas de la gravedad, ni considerar las imágenes tales como las conocemos en la vida real. Como pintor, expresa una reacción frente a la naturaleza, y, a través de sus ojos y sus reacciones, nos ilustra acerca de la naturaleza del hombre. El escultor modifica el espacio con objetos que son también expresión de sus reacciones frente a la naturaleza. No crea espacios, los modifica. El arquitecto crea espacios.

La arquitectura tiene límites. Cuando tocamos los invisibles muros de sus límites es cuando mejor conocemos lo que ellos contie-

Casa Goldenberg. Dos vistas de la maqueta

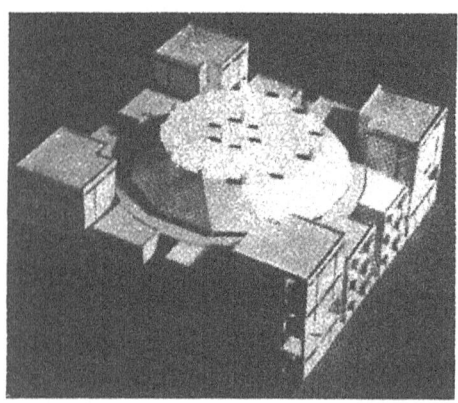

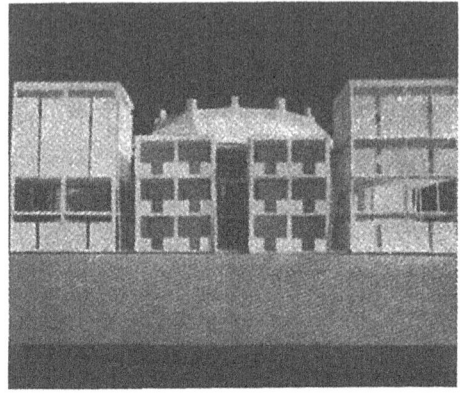

Dos vistaas de la maqueta de la iglesia en su primera etapa

Maqueta de la segunda etapa (techos).

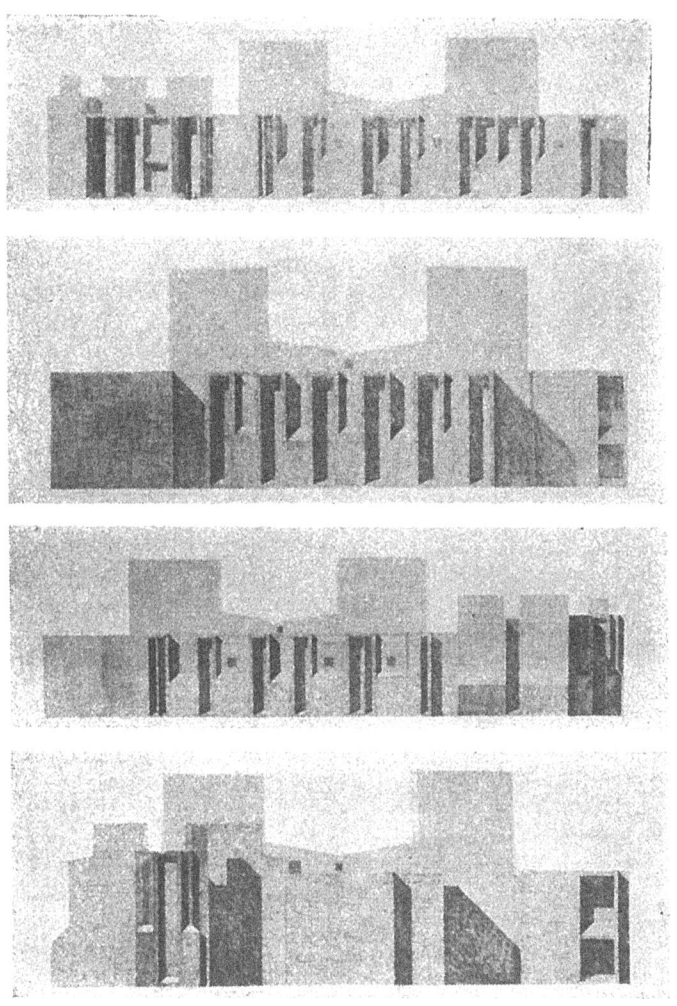

Las cuatro elevaciones de la Iglesia Unitaria para Rochester. Pueden verse los cuatro grandes lucernarios elevándose al fondo. La pared exterior es de mampostería de ladrillos y sostiene a la losa invertida del piso en su superficie interna. Esta pared tiene un espesor de 91,5 cm y las ventanas, con sus marcos de madera, están colocadas en el plano interior. Los profundos nichos de las ventanas tienen por objeto brindar protección contra los rayos solares directos. Las pequeñas ventanas cuadradas en los paneles macizos proporcionan luz puntual al interior.

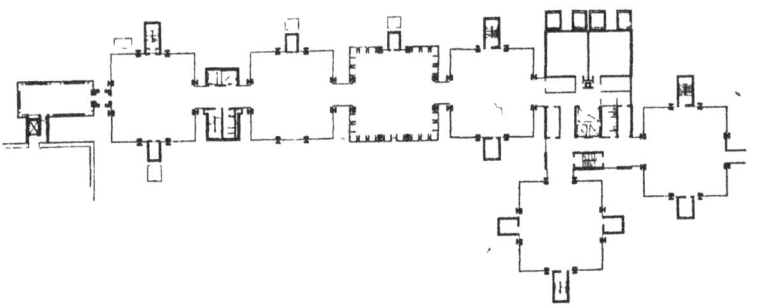

Laboratorios médicos y biológicos para la Universidad de Pennsylvania. Vista exterior y planta del tercer piso.
En su forma final, este edificio se extenderá 113 m. desde la vieja escuela médica hasta el edificio de zoología ya existente, conectándolos en un solo complejo de ciencias médicas y biológicas. La torre central esta abierta en planta baja formando un magnífico pórtico al jardín botánico ubicado detrás del edificio.

nen. Un pintor puede concebir cuadradas las ruedas de un cañón para expresar la futilidad de la guerra. Un escultor puede también modelarlas cuadradas. Pero un arquitecto debe hacerlas redondas. Aunque la pintura y la escultura juegan un hermoso papel en el reino de la arquitectura, así como la arquitectura lo juega en los reinos de la pintura y la escultura, todas ellas se rigen por disciplinas distintas. Puede decirse que la arquitectura es la creación mediata de los espacios. La arquitectura no consiste meramente en cubrir las áreas prescriptas por el cliente. Es la creación de espacios que evoquen el sentimiento de su uso adecuado.

Para el compositor, la hoja de música es un registro visible de lo que oye. El proyecto de un edificio debe —del mismo modo— poder leerse como una armonía de espacios iluminados. Cada espacio debe ser definido por su estructura y por el carácter de su iluminación natural. Aun un espacio concebido para permanecer a oscuras debe tener la luz suficiente —proveniente de alguna misteriosa abertura— que nos muestre cuán oscuro es en realidad. Por supuesto, no hablo de las pequeñas superficies que sirven a los espacios mayores.

Un espacio arquitectónico debe revelar la evidencia de su formación por el espacio en sí. No será en espacio cuando se lo modele dentro de una estructura más grande concebida para un espacio mayor, porque la elección de la estructura es sinónimo de la elección de la luz que da forma a ese espacio. La luz artificial es sólo un breve momento estático de la luz; es la luz de la noche y nunca puede igualar a los matices creados por las horas del día y la maravilla de las estaciones.

Un gran edificio debe comenzar con lo inconmensurable; luego someterse a medios mensurables, cuando se halla en la etapa de diseño, y al final debe ser nuevamente inconmensurable. El diseño —hacer cosas— constituye un acto mensurable. En ese momento es como si el diseñador fuera la naturaleza física misma, ya que en la naturaleza física todo es medible, aun lo que todavía no se ha medido, como sucede con la distancia a las estrellas más lejanas, que algún día, según suponemos, también podremos medir.

Lo que es inconmensurable es el espíritu psíquico. La psique se expresa a través del sentimiento y del pensamiento, y yo creo que siempre permanecerá inconmensurable. Intuyo que la *Voluntad del Ser* psíquica invoca a la naturaleza para realizarse en lo que quiere ser. Yo pienso que una rosa quiere ser una rosa. La *Voluntad de Ser hombre* se concreta en la existencia a través de las leyes de la naturaleza y de la evolución. El resultado es siempre inferior al espíritu de ser.

Del mismo modo, un edificio ha de comenzar en un aura inconmensurable y concretarse a través de lo mensurable. Es la única manera en que podemos construir; la única manera de llegar a ser se concreta a través de lo mensurable. Es necesario respetar las leyes, hasta que al final, cuando el edificio pasa a ser algo vivo, evoca cualidades que son, nuevamente, inconmensurables. El diseño, en cuanto implica cantidades de ladrillos, métodos de construcción y de cálculo, ha finalizado; el espíritu de ser del edificio ocupa entonces su lugar.

Tomemos por ejemplo la hermosa torre de bronce erigida en Nueva York [2].

Es una dama de bronce, de incomparable belleza. Pero sabemos que tiene corsets de 15 pisos porque no se ve el contraventamiento, es decir, aquello que la haría un objeto contra el viento expresado con belleza, así como la naturaleza expresa la diferencia entre el musgo y el junco. La base de este edificio debería ser más ancha que la parte superior; las columnas superiores que danzan como hadas, y las de abajo, creciendo locamente, no tienen las mismas dimensiones porque no son la misma cosa. La concepción de la forma de una torre debería ser más expresiva de las fuerzas implícitas en ella. Y aunque en el primer intento de diseño tendiera a ser fea, la fidelidad a la forma terminaría por hacerla hermosa.

---

[2] Se refiere al Edificio Seagram de Mies van der Rohe y Philip Johnson (N. del T.)

Estoy construyendo un edificio en Africa, en un lugar muy cercano al ecuador.

El resplandor es insoportable; todas las personas parecen negras cuando se las mira a contraluz. La luz es necesaria, pero también es una enemiga. Con el sol implacable encima, la hora de la siesta se descarga como un trueno. He visto allí muchas chozas construidas por los nativos. No hay arquitectos entre ellos. Pero volví muy impresionado por la inteligencia que aquellos hombres han desplegado para resolver los problemas del sol, la lluvia y el viento. Me di cuenta de que a cada ventana debe oponerse una pared libre para recibir la luz del día y que esta pared debe tener una abertura al cielo. De este modo, la pared modifica el resplandor y no anula la visión; además, se evita el contraste causado por las manchas de luz y sombra que proyectaría cualquier enrejado dispuesto frente a la ventana. También pude advertir la efectividad del uso de la brisa como aislación, cosa que puede lograrse por medio de un techo-parasol suelto y separado de la cubierta impermeable por un espacio de aproximadamente 1,80 m. Estos diseños de la ventana, la pared y de las cubiertas de sol y lluvia le mostrarán al hombre común la forma de vida en Angola.

Estoy diseñando un original laboratorio de investigaciones en San Diego, California.

Así es como comenzó el programa: el director, un hombre famoso [3], me oyó hablar en Pittsburgh. Más tarde vino a Filadelfia a ver el edificio que yo había diseñado para la Universidad de Pennsylvania. Salimos juntos un día lluvioso.

"Un hermoso edificio —me dijo—, no sabía que pudiera ser bonito un edificio tan grande. ¿Qué superficie tiene?"

"Ciento nueve mil pies cuadrados" (10.140 m2).

"Eso es más o menos lo que necesitamos".

[3] Jonas Salk (N. del T.)

Ese fue el comienzo de la programación de las superficies. Pero dijo algo más que se convirtió en la Clave de toda la ambientación espacial: que la investigación médica no es un producto exclusivo de la medicina o de las ciencias físicas, sino también de la gente en general. Quería decir que cualquier persona versada en humanidades, en ciencias o artes, puede contribuir a conformar ese ambiente mental de investigación capaz de conducir a los grandes descubrimientos científicos.

Libre de las restricciones de un programa dictatorial, fue una gran experiencia participar en el proyecto de un programa de desarrollo de espacios, sin precedentes. Esto sólo fue posible porque el director era un hombre con un sentido único del entorno como fuente de inspiración, y podía sentir la voluntad de ser y su aprehensión en la forma de los espacios que yo sugería.

Lo que en un principio fue sólo la necesidad de laboratorios y sus servicios, incluyó luego jardines enclaustrados, estudios ubicados sobre galerías y espacios para reuniones y descanso, entretejidos con otros espacios sin nombre para mayor expansión del ambiente general.

Puede caracterizarse a los laboratorios como una arquitectura de aire depurado y áreas adaptables. La mesa de roble y la alfombra corresponden a la arquitectura de los Estudios.

Mi edificio para Investigaciones Médicas de la Universidad de Pennsylvania incorpora la concepción de que los laboratorios científicos son esencialmente estudios y que debe existir una separación entre el aire que se respira y el aire viciado que se debe eliminar. Los planos corrientes de laboratorios ubican las áreas de trabajo a un lado de un corredor público, y las escaleras, ascensores, cuartos para animales, conductos y otros servicios, al otro lado del mismo corredor. Este pasillo es a la vez el vehículo de escape de aire nocivo y de suministro de aire respirable. La única diferencia entre el espacio de trabajo de un hombre y otro es el número colocado en sus puertas.

Diseñé para la Universidad tres torres-estudio en las que cada hombre puede trabajar en su especialidad; cada estudio de estas

Vistas del edificio de reuniones del Centro de Investigaciones desde distintos puntos. Las elevaciones de este edificio todavía no han sido estudiadas. Estos croquis son voluntariamente esquemáticos y sólo pretenden dar una impresión general.

Elevación frontal de los laboratorios del Centro de Investigaciones, vistos desde el cañón. Hay profundos tragaluces semicirculares que dan luz a la base del edificio, en donde se encuentran varias dependencias administrativas. Columnas abocinadas sirven de apoyo a cámaras de humo o gases en la parte posterior del edificio.

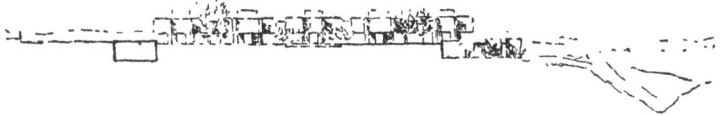

Corte por uno de los jardines de los laboratorios. En primer plano, detrás de los árboles, se ven los estudios de los investigadores, apoyados en columnas sobre el jardín. A la derecha, en corte, pueden verse las dependencias administrativas que forman la base y que dominan el cañón. En el extremo izquierdo, en corte, cuartos subterráneos para animales que son utilizados por los cuatro edificios.

Centro de investigaciones, San Diego, California

En esta página: Plano de conjunto del Centro de Investigaciones. De los cuatro proyectos que se plantearon éste es el más avanzado. Básicamente los edificios rodean tres lados de un profundo cañón sobre el océano Pacífico. En el borde superior de éste, cuatro edificios con laboratorios se levantan sobre una base constituida por la biblioteca técnica y dependencias administrativas afines a los laboratorios. Cada par de edificios da sobre un jardín. En estos jardines están situados los estudios de los investigadores en forma de elementos individuales. Están elevados de manera de permitir un pasaje sombreado en la parte inferior. Los conductos de escape de aire de los laboratorios se encuentran en la parte posterior. Colocado dramáticamente en el punto donde se domina el cañón se halla el edificio de reuniones, que tiene una base de forma poligonal. Está conectado con los laboratorios por medio de un camino arbolado que bordea el cañón. En el punto de llegada, un estanque cuadrado se conecta con una fuente ubicada dentro de un pórtico con columnas. Fue planeado como lugar de meditación y centro focal de todo el grupo de edificios.

En la página siguiente: Planta de los laboratorios. Este edificio ha sido el más estudiado de todo el grupo. Las vigas (punteadas en el plano) cubren una luz de 24,40 m y proporcionan espacios libres de columnas para los laboratorios. Las columnas en ambos extremos de las vigas sirven de cajas de escalera que conectan los diferentes niveles y proporcionan acceso a los laboratorios.

Corte de un laboratorio por el eje de una viga. Debajo de los laboratorios hay un subsuelo equipado para cumplir idénticas funciones. El aire y las instalaciones se proporcionan a ambos pisos a través de la estructura del primero.
Vista axonométrica de las columnas, vigas y estudios elevados. Las columnas tienen bases anchas para resistir los terremotos que se producen en la zona. La columna de adelante sirve como entrada a los laboratorios y como acceso a los estudios elevados. La viga es hueca, con 24,40 m de luz y, al igual que las torres-conductos del edificio de Pennsylvania, pero en forma horizontal, permite el pasaje de todos los gases y la entrada de aire puro.

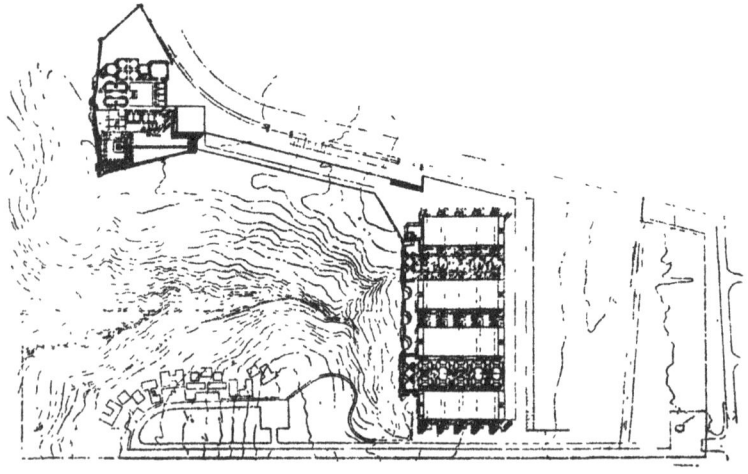

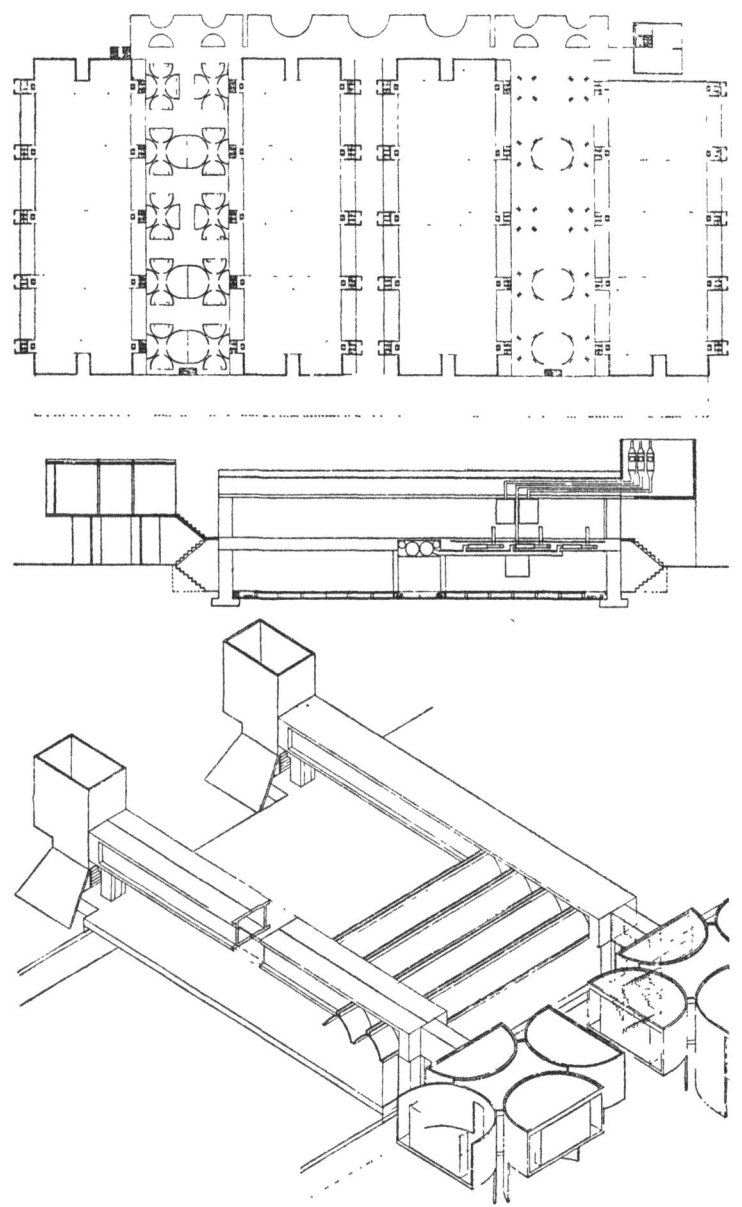

torres tiene su propia *sub-torre escalera* y una *sub-torre de evacuación* para aire isótopo, aire infeccioso y gas notivo. Un edificio central que reúne a las tres torres principales reemplaza al área de servicios que, en los planos corrientes, está usualmente ubicada al otro lado del pasillo. Este edificio central tiene aletas para absorber el aire puro, independientemente de las *sub-torres de evacuación* de aire viciado. Este diseño, producto de la consideración del uso particular de estos espacios y de los servicios que requieren, expresa el carácter del laboratorio de investigaciones.

Un día visité el lugar mientras se erigía la estructura prefabricada del edificio.

El brazo de 61 metros de la grúa levantaba elementos de 25 toneladas y los colocaba en su lugar como si fueran fósforos. Detestaba a esa grúa pintada llamativamente, a ese monstruo que humillaba mi edificio haciéndolo parecer fuera de escala. Observaba sus múltiples movimientos, calculando el tiempo durante el cual esa "cosa" iba a dominar el lugar y el edificio, hasta que se pudiera tomar de éste una buena fotografía.

Ahora, no obstante, estoy contento de esa experiencia, porque me hizo ver el significado de la grúa en el diseño, y me permitió comprender que la grúa es sólo una prolongación del brazo humano, del mismo modo que lo es un martillo. Comencé entonces a pensar en elementos de 100 toneladas elevados por grúas aún más grandes. Estos grandes elementos constituirían sólo las partes de una columna compuesta cuyas uniones serían como esculturas en oro y porcelana y encerrarían habitaciones, en diferentes niveles, con pisos de mármol. Estas uniones representarían a las estaciones dentro de la gran luz del total, cuyo cerramiento estaría formado por vidrios sostenidos en montantes de cristal, con cables de acero inoxidable entrelazados como hebras para ayudar al vidrio y a los montantes contra el viento.

La grúa se había convertido en un amigo y un estímulo para la concepción de una forma nueva.

Las instituciones de las ciudades pueden ser ennoblecidas por el poder de sus espacios arquitectónicos.

La casa comunal de la aldea ha dado lugar al ayuntamiento, que ya no es un lugar de reunión. Pero yo siento la *Voluntad de Ser* de ese lugar en la plaza porticada, en donde las fuentes juegan, en donde nuevamente se encuentran el joven y la muchacha, en donde se puede recibir y atender a los visitantes distinguidos, en donde pueden reunirse en grupos las sociedades que mantienen nuestros ideales democráticos.

El automóvil ha alterado por completo la forma de la ciudad. Creo que ha llegado el momento de hacer una distinción entre la arquitectura del Viaducto para el automóvil y la arquitectura de las actividades humanas. La tendencia a combinar las dos arquitecturas en un mismo diseño ha confundido el sentido del planeamiento y de la tecnología. La arquitectura del Viaducto llega a la ciudad desde áreas exteriores. En este punto debe diseñársela con mayor cuidado y, aun a alto precio, colocársela más estratégicamente con respecto al centro.

La arquitectura del Viaducto incluye a la calle que, en el centro de la ciudad, quiere ser un edificio (un edificio con un espacio subterráneo destinado a las cañerías para evitar interrupciones de tránsito cuando aquéllas necesiten ser reparadas). La arquitectura del Viaducto representaría un concepto completamente nuevo del movimiento de la calle. Distinguiría los movimientos *staccato* de arranque y frenado del ómnibus del movimiento de arranque del automóvil. Las carreteras de acceso rápido, que limitan áreas, son como ríos. Estos ríos necesitan puertos. Las calles intermedias son como canales que necesitan muelles. Los puertos son las entradas gigantescas destinadas a expresar *la arquitectura de frenado*. Estas terminales de la arquitectura del Viaducto tendrían garages en su centro, hoteles, casas de departamentos y tiendas en la periferia, y centros comerciales a nivel de la calle.

Esta posición estratégica alrededor del centro de la unidad constituye una protección lógica contra la destrucción de la ciudad por el automóvil. En cierto sentido, los problemas del automóvil y la ciudad implican una guerra, y el planeamiento del nuevo crecimiento de las ciudades no debe ser mirado como un acto agradable, sino de emergencia. La distinción entre las dos arquitecturas —la arquitectura del Viaducto y la de las actividades del hombre— podría dar lugar a una lógica del crecimiento y a una razonable posición empresaria.

Un arquitecto de la India dio recientemente una magnífica charla en la Universidad sobre los excelentes trabajos nuevos de Le Corbusier y sobre los suyos propios. Sin embargo, me pareció que los hermosos trabajos que mostraba estaban fuera de contexto y carecían de posición. Al término de la conferencia me pidieron un comentario. Me sentí impulsado a dirigirme al pizarrón y dibujar en el centro una torre de agua, ancha en la parte superior y angosta abajo. Dibujé acueductos que irradiaban desde la torre, semejantes a los rayos de una estrella. Esto implicaba futuros árboles y tierra fértil y comienzo de vida. Los edificios aún inexistentes, pero que se agruparían alrededor del acueducto, tendrían una posición y un carácter lleno de sentido. La ciudad tendría forma.

No deseo que de lo que he dicho se deduzca un sistema de pensamiento y trabajo que lleve rígidamente de la concepción de la Forma a la del Diseño. También puede el Diseño inducir a la concepción de la Forma. Esta interacción, en arquitectura, constituye una fuente constante de estímulo.

Una conversación

Esta conversación se registró en la oficina de Kahn en Filadelfia, en febrero de 1961.

Consulado Americano, Luanda, Angola Portuguesa

K: Algo que me impresionó mucho en Luanda fue la marcada luminosidad de la atmósfera... Desde el interior de cualquier edificio resulta imposible mirar hacia las ventanas, a causa del fuerte resplandor. Las paredes oscuras que enmarcan la brillante luz exterior lo hacen sentirse a uno muy incómodo. Se experimenta la tendencia a alejar la vista de las ventanas. Otra cosa que me impresionó fue la importancia de la brisa... la importancia de la brisa que arrastra el aire caliente acumulado alrededor del edificio. Y pensé que sería bueno poder expresar... encontrar una expresión arquitectónica, para los problemas del resplandor, sin agregar nada a la ventana...sino más bien desarrollando una arquitectura cálida. Algunos edificios utilizaban celosías... celosías de mampostería o de madera frente a las ventanas. Esto no es satisfactorio porque la pared misma resulta oscura contra la luz; se produce una trama de reflejos múltiples... pequeños puntitos... pequeños diamantes resplandecientes entre las líneas oscuras del enrejado. Y esto no es conveniente. Noté que resultaba agradable mirar, desde las ventanas, a los edificios muy próximos a ellas. Noté que cuando la gente trabajaba al sol, y era el caso de muchos (la población nativa), generalmente lo hacían de frente a la pared y no al campo o a la calle abierta. Dentro de un edificio, ponían su silla en dirección a la pared, y realizaban sus actividades recibiendo la luz indirectamente de aquélla. Esto me dio la idea de colocar una pared frente a cada ventana, un poco distanciada, siguiendo el sentido arquitectónico indígena. Ahora bien, así obstruía el campo visual, lo que no es agradable. Para evitarlo pensé en hacer aberturas en la pared; la pared, de tal modo, se hacía parte de la ventana. Cuando recibiera la luz —aun el rayo directo del sol—, necesariamente modificaría la iluminación. Me hizo pensar en la belleza de las ruinas... la ausencia de marcos... en cosas detrás de las cuales nadie vive... y pensé rodear a un edificio con ruinas, de manera que se mirara hacia afuera como a través de una pared con aberturas accidentales. Pero en este caso las aberturas debían "formalizarse": sentí que de esta forma solucionaba el problema del resplandor. Preferí incorporar esta solución a la arquitectura en lugar de cualquier artefacto que colocado próximo a la ventana permitiera corregir los *deseos de ventana*... Pero esta no es la forma correcta de expresarlo. Debiera decir el *deseo de luz*, coexistente sin embargo con una lucha intensa contra el resplandor. Otra cosa que me impresionó: vi algunos edificios conscientes del calor generado por los techos. Tenían grandes espacios en el techo... grandes separaciones entre el cielo raso y el techo... y pequeñas aberturas que se veían desde fuera y a través de las cuales podía entrar la brisa y ventilar los planos del cielo raso y el techo. Pensé que sería maravilloso poder separar los problemas originados por el sol de aquellos producidos por la lluvia, y se me ocurrió disponer unos techos especiales para uno y otra. Los coloqué a 1,80 m. de distancia entre sí, de manera que pudieran realizarse trabajos de conservación en el techo para la lluvia... en el que serían más necesarios porque el techo para el sol se cuidaría solo... ya que se trataría de un techo independiente a través del cual podía pasar la lluvia. Nunca sería un problema, excepto por daños mínimos que pudiera sufrir. El techo para sol, lógicamente, debía ser lo más liviano posible... hasta cierto punto, debía ser una especie de gasa... debía actuar sólo como interceptor... y pensé en la aislación... el techo para sol podía ser la aislación y podría eliminarla por completo del techo para lluvia... suprimiendo todo otro espacio de aire excepto la separación entre los dos techos. Se me ocurrieron otras cosas, sin plan, más allá de cualquier concepción estética que pudiera haber tenido al comienzo. Sentí que el edificio debía poseer un carácter reposado y no debía mostrar un perfil muy trabajado. Quería —y ése ha sido siempre mi deseo— señalarle al hombre de la calle un modo de vida... de manera que cuando pasara por delante de un edificio sintiese... "Sí, este edificio representa para mí la historia cívica de mi relación con él. Yo espero un edificio digno para una actividad humana digna". Pero estos son sentimientos acerca de lo apropiado de un edificio que pueden haber surgido del aprendizaje o de otras cosas, pero que no son realmente fundamentales. Son consideraciones estéticas; la estética es, por supuesto, el conjunto de las reglas del arte. Se las aprende viendo mucho, oyendo mucho y sintiendo mucho, pero otras cosas surgen de las características mismas del aire y de la luz... presencias eternas muy simples con las que debe mantenerse una conversación permanente en arquitectura. No debemos olvidar que la luz, con sus características, influye en aquello que distingue la arquitectura de una zona de la otra. Si una compañía encargara un diseño para que le sirviera como identificación en un país u otro, no podría construirse un prototipo único respondiendo a un cierto principio comercial o edilicio. No podría establecer un edificio, sino una visión, una imagen. Pero la imagen debe variar de una región a otra porque las necesidades varían de un lugar a otro. La integridad de un edificio puede ser un sello de identidad de una compañía; la excelencia de su realización también... con seguridad también puede serlo su marca... pero si se tomara ese mismo edificio, un prototipo, una duplicación exacta, y se lo colocara en cualquier parte, sin tener en cuenta la variación... resultaría ridículo. También me di cuenta de que la ventilación natural era un aspecto importante en estos edificios, atendiendo al bajo nivel de servicios mecánicos existentes. El aprendizaje de la reparación de sistemas de aire acondicionado o plomería llevaría tiempo en este país... no se pueden importar aparatos sin pensar en su futuro funcionamiento. Pero aun si se tiene un buen sistema mecánico de aire acondicionado y de los otros artefactos modernos que controlan el ambiente, siguen siendo importantes la protección contra el sol y el resplandor y la canalización del viento para no imponer un trabajo excesivo al sistema de aire acondicionado. Un edificio sin aire acondicionado puede tener la misma apariencia que uno que lo tenga; sólo las ventanas cambiarían. En Luanda basta con celosías; no hace falta vidrio. Hay que dejar pasar la brisa y controlarla con *louvers*. Pero cuando el edificio tiene aire acondicionado es necesario el vidrio; hay que contenerlo: no se trata de acondicionar toda la atmósfera. De modo que me pareció correcto hacer que el edificio pareciera un edificio sin aire acondicionado, excepto por el vidrio.

Ed.: ¿Pero tiene o no aire acondicionado?

K.: Lo tiene. Solo que Ud. debe considerar que es un edificio en el que a veces el aparato de aire acondicionado no funciona. Tiene algunos *louvers* y ventanas utilizables para obtener en caso necesario alguna ventilación.

Las paredes para el resplandor están diseñadas de manera que se advierta que no son portantes. Uno siente que las aberturas están hechas para proporcionar un marco agradable a la visión desde el interior. Siento, por anticipado, que son un poco grandes, que podrían ser más pequeñas. Lo que pasa es que no he desarrollado aún un sentido que reemplace a la experiencia y me diga si son grandes o chicas. No lo he desarrollado porque hay que hacer la prueba... probablemente otro sería más precavido... Creo realmente que podrían ser más pequeñas. Siento que las aberturas deberían ser más pequeñas porque de todas maneras se puede tener una visión lateral. Se puede mirar hacia afuera y ver todo lo que se desee. Pero aquí hay una visión controlada y en realidad puede ser más restringida de lo que he indicado. Creo que ésta es una buena aproximación a la Arquitectura... en la que uno está constantemente relacionado con las fuerzas naturales y tratando de reestablecer una forma de vida en la Arquitectura. De este modo un edificio aspira realmente a algo y responde en gran medida a una forma de vida. Pero esta aspiración tiene que renovarse y renacer constantemente, y lo que muestra el arte de la construcción o el de la pintura o la escultura lo es a la luz de las nuevas técnicas. Las nuevas técnicas lo ayudarán... le suministrarán nuevos medios mensurables para realizar sus aspiraciones, y eso es la técnica: un medio mensurable de expresar con más y más exactitud el deseo y la voluntad de ser de las aspiraciones.

Desde las calles principales desarrollé un patio de entrada que es en realidad un espacio de estacionamiento para la cancillería y la casa... la residencia. Utilicé árboles para dividir las zonas de estacionamiento y también para proporcionarles sombra... en la calle misma. Esta parte de la calle se pavimentará con piedra caliza... material que abunda en Angola. Ello resolvería en gran parte los problemas de algunos de los edificios consulares... No me estoy expresando muy bien... lo diré con otras palabras... Tengo conciencia de esto: a la junta gubernamental de revisión arquitectónica le gustó mucho el plan porque veían un cierto recogimiento en la zona de estacionamiento... porque el pavimento es distinto del corriente, lo que parecería una consideración común, pero no la encontraron tan común porque proporciona una especie de portada... un patio de entrada a estos dos edificios. La cancillería está rodeada por un juego de fuentes que se vuelcan una en otra; la que está en un nivel superior en la de nivel inferior y ésta a su vez en otra de nivel aún más bajo... esto hace que caiga agua continuamente en este estanque, lo que es muy importante para la utilización del agua en estas zonas. Y prácticamente todo el paisaje *ideal* de un lado de la cancillería lo conforman las piletas y las diferentes terrazas, que determinan un ambiente bastante severo. Del otro lado hay un espacio arbolado... y aunque no está indicada en el plano, ésta es una zona verde... mientras que el área de la cancillería carece más bien de árboles, con el patio que en sí mismo proporciona sombra y direccionalidad a la zona de estacionamiento y a la entrada. La residencia está tratada de idéntica manera en lo que se refiere al problema del resplandor y al techo para sol. Esta planta (pág. 34) muestra por supuesto el piso inferior... y se nota que existe un pasaje continuo bajo el edificio. Creo que al separar el techo para lluvia del techo para sol le muestro al hombre de la calle un modo de vida. Le explico las condiciones atmosféricas del viento, las condiciones de luz, del sol y del resplandor. Si yo hubiera usado un artefacto —aunque

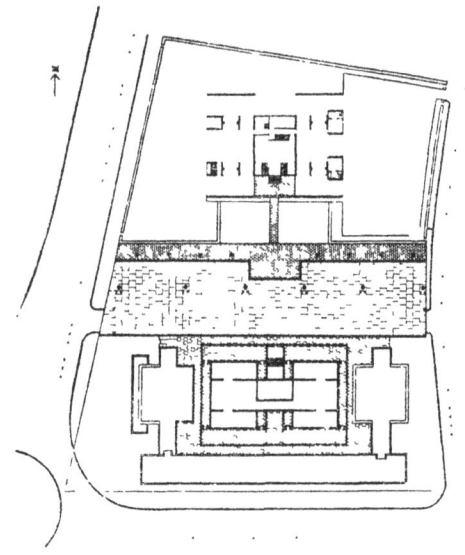

Consulado Americano, Luanda, Angola

Plano de conjunto. Una ancha calle arbolada que atraviesa el terreno sirve de acceso al edificio del Consulado, abajo, y a la residencia del Cónsul, arriba. Los tres estanques que rodean al Consulado se vuelcan sucesivamente uno en otro desde la parte más alta del terreno hasta la más baja.

Planta del Consulado. Las oficinas no miran hacia afuera, sino hacia un pequeño patio.

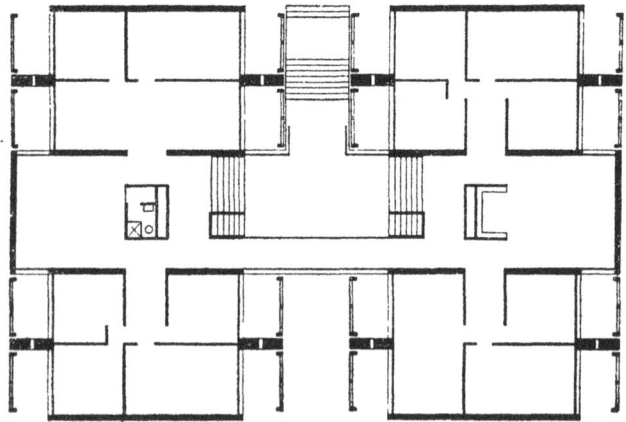

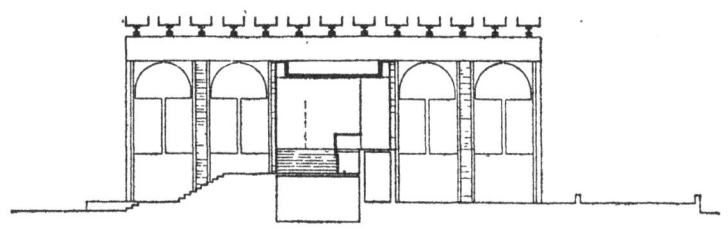

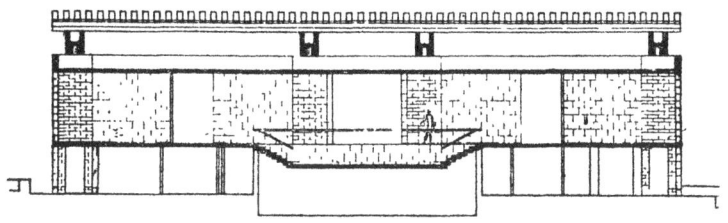

Corte transversal del Consulado. Se ve la escalera de entrada, en corte, y un par de patios de luz, en vista, a cada lado. Entre cada par de patios están los pilares sobre los que se apoya el techo-parasol.

Corte longitudinal del Consulado. Nótense las altas vigas de hormigón en que se apoya el techo-parasol.

Perspectiva axonométrica de la pared del Consulado. Pequeños patios de luz protegen a cada ventana. La pared frontal del patio es de hormigón y tiene una abertura en forma de ventana.
El piso bajo está abierto, de manera que se forma una galería continua. Los elementos invertidos del techo-parasol son tejas que se apoyan en viguetas de hormigón.

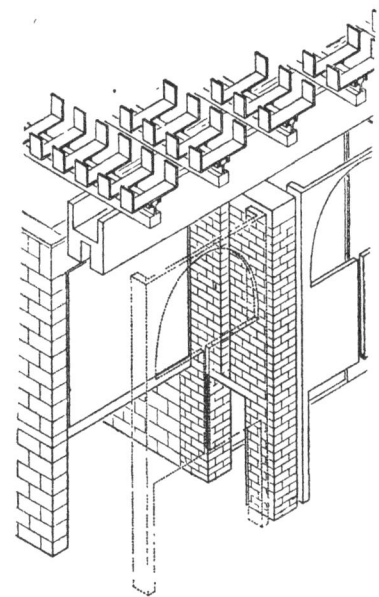

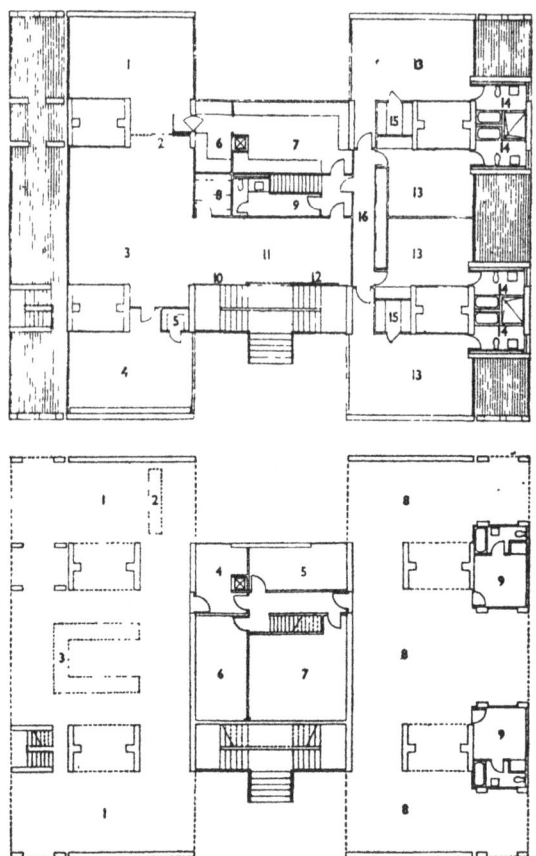

Residencia del Cónsul

Planta alta. Cuatro patios de luz penetran el interior de la casa. A través de ellos se elevan las columnas en que se apoyan el gran techo-parasol de elementos cerámicos. El proyecto separa claramente las salas para recepción oficial (biblioteca, comedor y living, que son en realidad una sola sala grande) de las habitaciones privadas del Cónsul. En forma individual, sin embargo, aquéllas son utilizadas cotidianamente por toda su familia.

1. Comedor; 2. Puertas corredizas; 3. Sala de estar; 4. Biblioteca; 5. Depósito; 6. Despensa; 7. Cocina; 8. Perchero; 9. Toilet; 10. Pared de vidrio; 11. Hall de recepción; 12. Panel corredizo de protección; 13. Dormitorio; 14. Cuarto de baño; 15. Armario; 16. Sala de estar.

Planta baja. Garage y piezas de servicio al nivel del suelo, con una gran superficie cubierta para las recepciones mayores que se realizan en el jardín. 1. Espacio cubierto; 2. Bar; 3. Buffet; 4. Servicio de cocina; 5. Lavadero; 6. Máquinas; 7. Depósito; 8. Playa de estacionamiento; 9. Sirvientes.

fuera un artefacto de diseño inteligente—, nunca le hubiera parecido más que un diseño: algo bonito.

Yo no quería algo bonito; yo quería una declaración clara de una forma de vida, y de esas dos soluciones me siento muy orgulloso porque son fuertes declaraciones arquitectónicas a partir de las cuales otros hombres pueden hacer declaraciones infinitamente superiores. Estas son declaraciones realmente crudas... siento la necesidad de exponerlas de manera más bien primitiva, simple, son sofisticaciones. Y creo que en la disposición de los espacios necesarios, en el sentido de entrada y de recepción, el plan ha mantenido el sentido de lo apropiado de esos instrumentos... o el sentido del espacio que debería lograrse considerando el tipo de edificio que es. Uno debería tener el sentido de entrada y de recepción no en virtud de cualquier signo, sino del carácter propio de los espacios; y esto lo logra de una manera u otra todo arquitecto con verdadera conciencia espacial. Y creo que este plano lo muestra. Nótese también que los pilares que sostienen las vigas principales del techo para sol son completamente independiente del techo para lluvia. Éste no está atravesado en absoluto. Esto en lo que concierne a los pilares... estos cuatro grupos de pilares. Las vigas se cruzan y las viguetas —viguetas pretensadas de hormigón armado— mantienen las hojas cerámicas que forman el árbol solar del techo para sol que cubre a todo el edificio. Se tiene plena conciencia de esto cuando se entra al edificio... aquí, por ejemplo... todo está abierto por allí... el techo para lluvia sólo cubre esta pequeña porción aquí... cuando se entra al edificio se siente toda la estructura superior como las hojas de un árbol... que están lo suficientemente abiertas como para dejar que pase luz.

Ed.: ¿Por qué es más grande la abertura de los pilares en el piso inferior que en el de arriba?

K.: Hay un dintel que me permite una abertura más pequeña arriba... y que el peso se distribuya de esta manera. Lo quería abierto abajo porque deseo pasar a través de todo y paso a través de esa viga para tener una galería continua bajo el edificio. De ese modo alejo al edificio del suelo... es común en estas zonas elevar las habitaciones importantes. Da también idea de mayor protección... en cierto sentido el edificio de la cancillería es un fuerte... es un edificio protector... y el piso adicional le da una especie de sentido de mayor protección.

Ed.: La reacción fisiológica al hecho de sentarse en la oscuridad y mirar hacia la luz es un problema similar al de la graduación del diafragma de una cámara fotográfica... Yo me pregunto: ¿en qué forma este intervalo —la doble ventana— facilitará la acomodación que debe hacer el ojo? ¿Usted sabe o espera que cuando finalmente (después de mirar a través del vacío en sombra) se vea el área brillante, ésta estará suficientemente atemperada como para que el iris se acondicione instantáneamente sin una reacción fisiológica dolorosa?

K.: Yo lo diría de esta manera: cuando usted mira esta pared enfrente suyo, la luz que entra por la ventana rodeada de oscuridad es lo que causa el resplandor. Eso es resplandor, una condición de resplandor.

Ed.: Forma una tonalidad gris entre el blanco y el negro.

K.: Las rejas o cualquier cosa similar que se coloque frente a una ventana semejante produce puntitos de luz con mucho resplandor. No necesita verlo, basta con dibujarlo.

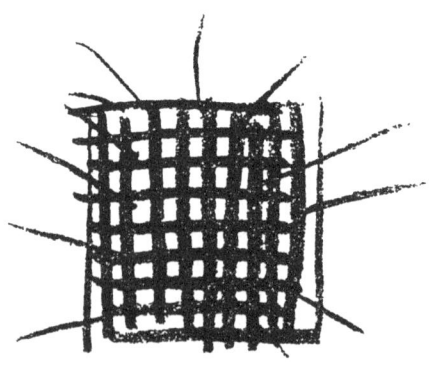

Cuando estos elementos se hacen más y más pequeños, se vuelve a estar bien... no se siente tanto. Entonces se logra una gran modificación de la luminosidad.

Ed.: ¿Será esto lo suficientemente fácil como para que se pueda hacer un modelo?

K.: Sí, tenemos un modelo... Puede ver la diferencia. Ponga una lámpara grande (de 500 watt) enfrente suyo y verá mucho resplandor cerca de ella. Y tan pronto como mueva esa cosa (el modelo de la pared de luz) frente a la bombita, la situación será completamente distinta. En seguida se nota la diferencia.

Ed.: Esta forma representa... algo así como un ojo.

K.: Hasta cierto punto, sí. Por supuesto, lo uso como un medio para darle algo de gracia a un edificio con aspecto de caja. Ya que las necesidades eran tan pocas, es decir, que el edificio era tan pequeño, estaba también el deseo de introducir alguna variedad en él. Ahora, uno tiene ese privilegio, ese medio... Uno puede excederse muy fácilmente. Puede hacer algo frívolo en un minuto. Yo no sé si es bueno: sólo siento que lo es. Alguien dijo que parecía africano; fue horrible. A Yamasaki, que está construyendo un edificio en Irán, le gusta la idea. Yo la he usado muy a menudo últimamente. Son ventanas hermosas. Creo que es bueno no insistir tanto sobre lo completo del diseño... después de todo... el problema de cada uno es distinto, y esto es sólo la forma en que yo diseñé algo. Es una de las razones por las que pienso que lo completo de los diseños no es tan importante; creo que es más importante simplemente establecer algo fragmentariamente, a fin de no tener que decir: me gusta el diseño, no me gusta el diseño... De esta manera entra fácilmente a formar parte de la mentalidad arquitectónica sin las preferencias (a favor y en contra) de menor importancia... se lo puede juzgar de otra forma... y sobre esta base mucha gente puede progresar. Creo que... creo que el diseño es una cosa muy personal. Pero siento que estas otras cosas no son realmente personales... es simplemente un sentido de la Arquitectura que uno desea incluir dentro de la estructura de su trabajo.

Casa Goldenberg, Rydal, Pennsylvania

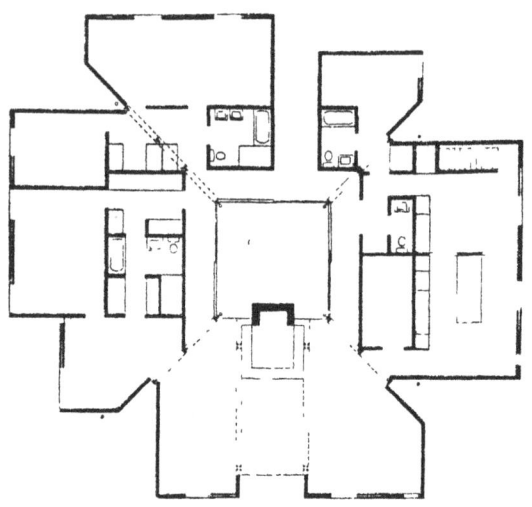

Ed.: La pregunta obvia es: ¿por qué no podría continuarse esta pared y construir de aquí hasta allí (es decir, de modo que tenga las esquinas llenas)?

K.: Porque así es como el edificio realmente funciona y se desea respetar el hecho de que un edificio pueda terminar de esta manera... que los extremos de un edificio no son una cosa determinada.

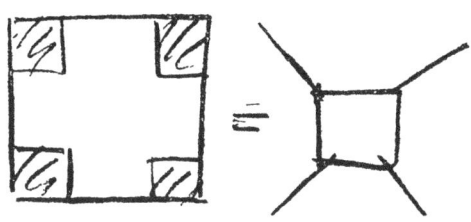

Usted comienza con esto, pero a veces el interior quiere extenderse y quebrar las paredes hacia afuera.

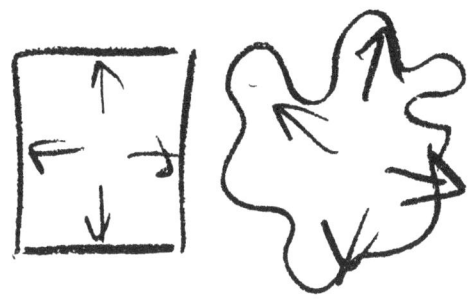

Y usted lo limita por la forma preconcebida que había elegido. Y ese descubrimiento... de que la diagonal puede ser algo a lo que es posible dar forma... que puede ser un tipo de terminación determinado por las circunstancias... como lo es cuando se piensa "si yo tuviese más dinero probablemente hubiera construido algo más"... es puramente circunstancial. Sentí que esto era algo así como un descubrimiento en el campo del deseo de interiores: de espacios interiores...

Una casa es un edificio extremadamente sensible a las necesidades internas. En esta satisfacción había una *voluntad de ser*

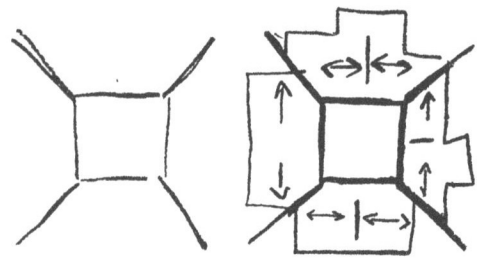

de algún tipo... pero una *voluntad de ser* que hizo que esta casa no fuera limitada por una forma geométrica.

Ed.: Usted ha terminado la casa con un perímetro bastante más grande, digamos, que un cuadrado... Podría, sin duda, arreglar estas partes y convertirlo en un cuadrado... Puede hacerse. Pero para mí el asunto es el siguiente: en esta configuración particular, usted tiene una circulación anular a la que están vinculadas todas las habitaciones (excepto el living-room), por medio del pasaje a través de las funciones... una especie de zona-paragolpes... Cada una de las habitaciones principales, entonces, toma la forma necesaria con total independencia de las demás. Si Ud. hubiera ocupado las esquinas o lo hubiera convertido en un volumen regular, me parece que no hubiera logrado una relación tan clara como cuando suprime todas esas cosas.

K.: En un cuadrado común siempre se tiene el problema de estos espacios extremos, difíciles de alcanzar. Debe penetrarse esto (las áreas "funcionales") para llegar a los espacios: a los que serán los espacios finales. Ud. penetra esto para llegar a esto y entonces algunas zonas se convierten en áreas principales y otras en áreas subordinadas. Las subordinadas también sirven como aislantes... entre habitación y habitación.

Ed.: También entre habitación y circulación.

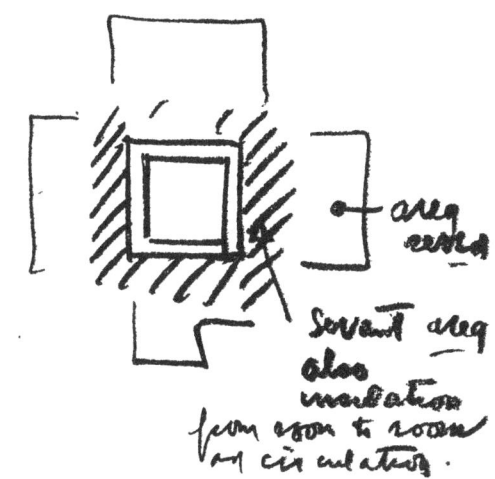

K.: Entre habitación y habitación, y entre habitación y circulación.

Ed.: ¿Tienen siempre los espacios subordinados interiores iluminación central y los otros iluminación desde afuera?

K.: Sí, le voy a hacer un dibujo. ¿Cómo podría quedar mejor? ¿Quiere que le ponga un árbol?

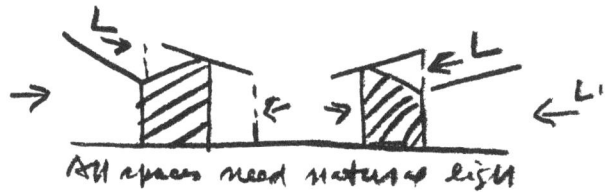

Ed.: ¿Qué pasa con la luz ahora?

K.: Todos los espacios necesitan luz natural... todos los que merezcan llamarse espacios necesitan luz natural. La luz artificial es sólo un pequeño momento en la luz... y la luz natural es también la luna llena, y ello basta para que haya realmente una diferencia.

Ed.: ¿No implica una tautología... definir el espacio como algo que tiene luz natural?

K.: No puedo definir al espacio como tal si no tiene luz natural. Y eso porque las características que crean las horas del día y las estaciones del año ayudan a reconocer lo que puede ser un espacio si tiene luz y lo que no puede ser si no la tiene. Una luz artificial —ya sea en una galería o aun en un auditorium— es siempre una pérdida. Me gustaría, alguna vez, construir un teatro con luz natural, que se elimine al comenzar la función. ¿Por qué deben hacerse los ensayos en un lugar desagradable? ¿El ensayo es una función? No, la función es la función y la gente ve eso, no el ensayo. Durante el ensayo, el teatro debe ser lo más agradable posible, con otro tipo de atmósfera. No creo que deba tener siempre luz artificial, a menos que se ensaye en otra parte. Yo creo que debe haber luz natural en todo espacio que merezca ese nombre. Creo que el modo en que se conforma un espacio implica en gran medida la conciencia de las posibilidades de la luz; desde que si usted ve una columna, por ejemplo, puede decir "allí hay una columna" solo porque existe la luz. No es lo mismo con una pared... pero tratándose de una columna, una bóveda o un arco, usted dice que la luz existe. Por lo tanto, los medios de conformar un espacio implican ya que la luz penetra en él, y la elección misma de la estructura es al propio tiempo la elección del tipo de luz que se desea... Creo que esto es verdaderamente un requisito arquitectónico

Ed.: Si está tan oscuro que no se puede ver la habitación, ésta no puede conformar un espacio. Como el interior de un refrigerador con la luz apagada...

K.: No es un espacio...

Ed.: Se tiene un espacio cuando se abre la puerta y entra la luz... si es luz natural.

K.: Si es luz natural... En los laboratorios hay algunas habitaciones oscuras —el doctor siempre le dirá: hay un lugar en el que no necesitamos la vista hacia afuera—... no un cuarto oscuro... sino una habitación fresca destinada a experimentos. Pero generalmente uno se encuentra con que el encargado de un trabajo se queja de que algún estudiante suyo está sufriendo... trabajando sin luz. No sabe si hay pájaros afuera, o si llueve o nieva. Cuando hablé con algunos de ellos vi que sufrían mucho porque no tenían una ventana y no podían mirar hacia afuera.

Iglesia Unitaria, Rochester, New York

Ed.: Cuando usted estuvo en New Haven, habló sobre las distintas etapas que había atravesado el proyecto...

K.: Veamos estos cuatro planos [1]. La idea que esbocé delante de la consagración fue mi primera reacción ante el problema de lo que puede ser una orientación en la edificación de una Iglesia Unitaria. Después de haber escuchado al ministro sobre el sentido de las aspiraciones Unitarias, pensé que el santuario es simplemente el centro de las preguntas, y la escuela —constantemente destacada por ellos— la que formula esas preguntas... Y sentí que el ente que formula la pregunta y el sentido de la misma —el espíritu de la pregunta— eran inseparables. Por eso, cuando hablé delante de la congregación —tenían un pizarrón en la tarima— dibujé este diagrama:

1 Ver páginas 13 y 14

Un cuadrado, el santuario, y alrededor un círculo que contenía un ambulatorio, necesario porque la Iglesia Unitaria está constituida por gentes que han tenido religiones y creencias (aun las tienen, pero son de otro tipo). Eran católicos, judíos o protestantes. Yo no sé mucho acerca de las diversas religiones, sólo sé que siento la religión. De modo que dibujé el ambulatorio considerando que lo que se dice o se siente en un santuario no es algo en lo que necesariamente se deba participar. Así, se podía caminar y, si uno lo deseaba, alejarse de lo que se estaba diciendo. En torno al ambulatorio dispuse un corredor, destinado a la escuela, la cual constituía, en realidad, las paredes del edificio... De modo que la escuela se transformó en las paredes que rodeaban a la pregunta. El primer plano era casi una traducción literal del dibujo de la forma, como yo lo llamo (es decir la representación de las partes inseparables de lo que se puede denominar un centro Unitario). Aunque no conocía las necesidades específicas, tenía una idea general acerca de ellas. Sentía que una declaración directa, casi primitiva, era lo que correspondía para comenzar... más que una declaración que ya contuviera expresiones de experiencias anteriores... y que podía modificar una estructura tan someramente traducida como la de este diagrama. Pero esta estructura fue en cierto modo modificada: el exterior tomó una forma cuadrada, los corredores interiores conservaron la forma circular y el santuario la cuadrada. En las cuatro esquinas se dispusieron habitaciones más grandes. En seguida se les hicieron objeciones porque no se les encontraba a cada una una finalidad específica. No podían poseer finalidades similares porque cada una tenía una ubicación demasiado importante. Traté de argüir que podían ser aulas como las otras: hay aulas más grandes y más pequeñas. Pero la congregación no poseía muchos recursos y objetaba todo lo que yo exponía. Cuando conversé con los comités de las diferentes actividades (el comité de la *nursery*, el comité de entretenimientos, el comité de actividades religiosas, etcétera), desarrollé su sentido de programación simultáneamente con mis dibujos. En un momento dado insistieron en que el santuario debía estar separado de la escuela. Fue un golpe terrible para mí. De la forma que a mi juicio era inherente a lo que se podría llamar un ritual no experimentado —o más bien un ritual no establecido, sino inspirado— no podría derivar la figura y dimensión correspondientes. Porque, pensé, la proximidad de todas las partes era una expresión mejor que aquella que nos separa de las dos, y en la que se puede decir que una escuela es una cosa distinta de un santuario. Sentí, en consecuencia, que mi idea era algo más que una declaración primitiva de esto: la declaración inicial, se podría decir, que conforma una Iglesia Unitaria. Dividirla sería imitar la forma en que otros habían construido sus iglesias, basados en un distinto sentido del ritual. Así que simplemente tuve que mostrar el santuario como cosa independiente — pero lo hice sólo en un diagrama, no en un plano real. No podían forzarme a hacer tal plano. Me resistí a dibujar cualquier tipo de plano.

No lo hubiera hecho. Pero dibujé la forma en que quedaría, más o menos, un santuario aparte, conectado con el cuadrado de la escuela, con el área de la escuela.

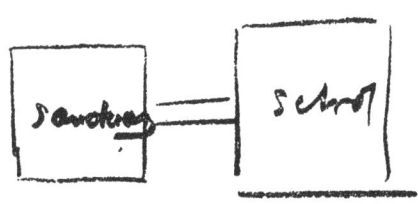

Hice algunas preguntas sobre el santuario: ¿Qué hacen cuando termina el servicio religioso? Me dicen que toman café, discuten las cosas sobre las que se ha hablado en el auditorio. Les pareció una buena idea tener una cocina cerca del santuario. De modo que tomé la parte del área correspondiente a la cocina y la ubiqué cerca del santuario. Pensaron entonces que hacía falta otra habitación subordinada a la cocina. La coloqué, quitando otra porción del bloque de la escuela, y lo mismo sucedió con otras habitaciones que eran necesarias alrededor del santuario.

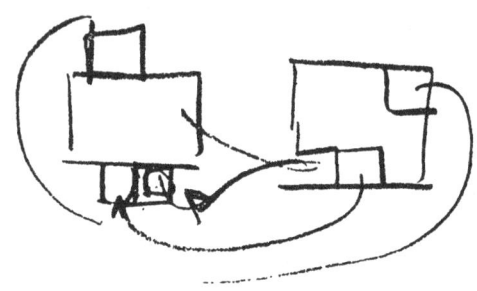

Pronto se dieron cuenta de que habíamos vuelto al mismo punto del que yo había partido. Lo cual era lógico, dada la naturaleza misma de las actividades; y yo sentí desde el primer momento que los distintos ambientes debían estar cerca. Me di cuenta de que ellos no sabían exactamente lo que es una escuela; que una escuela es tanto una habitación para adultos como un aula para niños. Querían una cocina, una sala de costura... no querían una capilla. Alguien dijo que sería lindo tener una: cualquiera de esas habitaciones podía convertirse en una capilla... tan poco definidas son las necesidades espaciales de un ritual no establecido. Para un ritual no establecido sentí que la expresión más correcta era no hacer distinciones rígidas, sino señalar una distinción de funciones: algo lleno de ruidos en el exterior y silencioso en el interior. Esto resultaba también económicamente apropiado, porque el interior no necesitaba mucha calefacción; el edificio está resultando muy económico. Ahora veamos el desarrollo de los diversos planos: el primero es una expresión literal del dibujo de la forma. Dibujo de la forma en contraste con diseño. Pero a causa de las demandas de los distintos comités, de la exigencia de poner un nombre a cada habitación y dar cuenta de sus necesidades, se cambió el primer plano porque no se justificaban las esquinas... Los diversos grados... grados escolares: jardín de infantes, clases inferiores y superiores... debían ser agrupados juntos. De modo que todos los planos siguientes cedieron a las demandas de diseño de los diversos comités y, por supuesto, a las limitaciones financieras, que no permitieron habitaciones extras ni el desarrollo de una forma geométrica clara en el exterior del edificio. Al principio sentía que de este manera se perdía mucho... y que se formalizaban estas habitaciones en el exterior... lo que se expresa en este dibujo, pues las habitaciones eran en lo posible del mismo tamaño para poder desarrollar un sistema estructural con cierta unidad inherente al propio sistema.

Ed.: ¿En esta etapa (3) el proyecto era todavía una serie de células?

K.: Sí, y aún tenían pequeñas cosas encima, pero ya se estaban perdiendo.

E.: Bueno, son todas de diferente tamaño...

K.: Algunas...

Ed.: ¿La célula debería ser, digamos, de aquí hasta aquí?

K.: No, de acá hasta acá *(señalando)*.

Ed.: Entonces no todas tendrían medidas exactas...

K.: Es sólo otro desarrollo, un plano que no ha perdido aún las trazas de los anteriores, de la etapa más formalista que lo precedió.

K.: Y el siguiente (etapa 4) es éste... aquí hay una ampliación de las habitaciones más pequeñas... Había cambios constantes, es todo lo que puedo decir. No sé qué más puedo decirle. En esa etapa sentí que éste era el gran cambio: antes las ventanas estaban en el plano de la pared; ahora habían sido empujadas hacia el interior. Sentimos el rigor de la luz aprendiendo a tomar conciencia del resplandor en todo momento; ya sea en Rochester o en Luanda, la concepción es la misma... Si se mira a un edificio del Renacimiento... o más bien a un edificio en el que una ventana ha sido muy acentuada arquitectónicamente... bueno, como ésta, por ejemplo:

Ud. tiene una ventana de esta forma... este frontón y una ventana de este tipo... éste no es un buen detalle en absoluto... no es un buen dibujo... Ud. sabe lo que quiero decir: una ventana de esta forma, ventanas encuadradas dentro de la abertura.

Esto resultaba muy bien porque daba paso a la luz reflejada en los costados de la abertura y ayudaba a atenuar el reflejo. La luz indirecta favorece la visión, y por eso se me ocurrió que estaría bien tener la ventana enmarcada a los costados a fin de

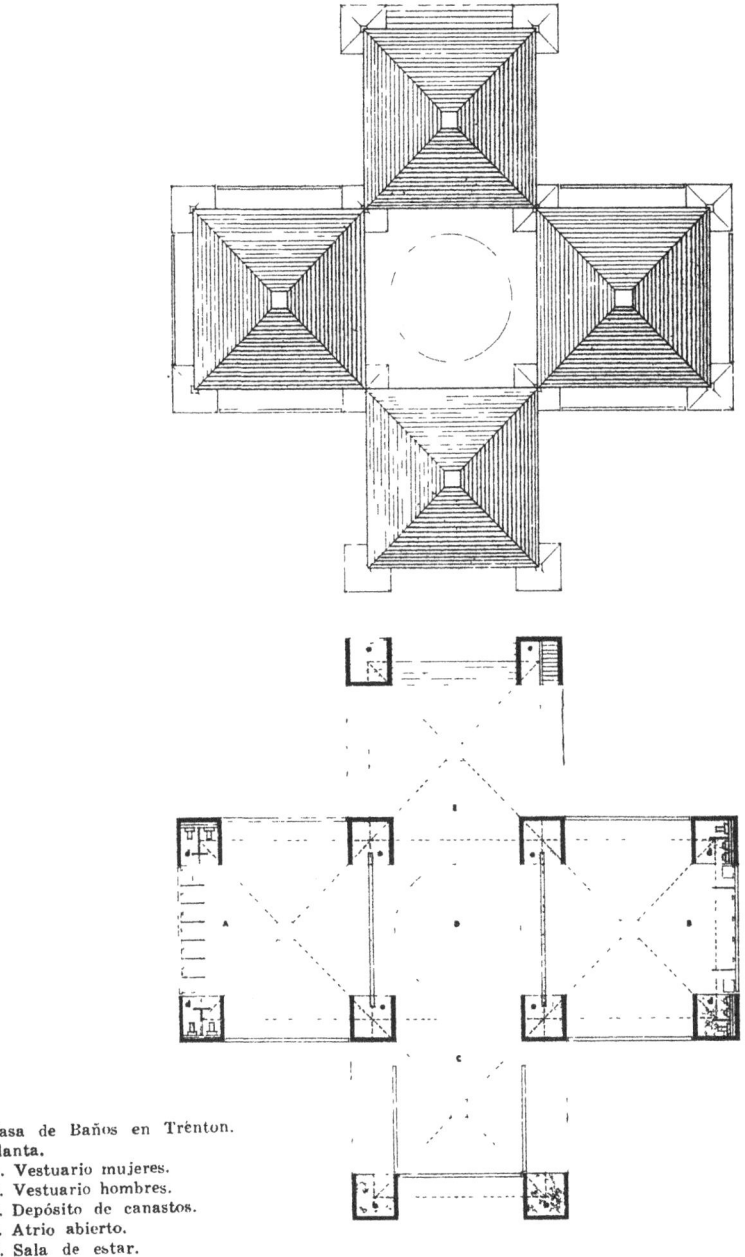

Casa de Baños en Trenton.
Planta.
A. Vestuario mujeres.
B. Vestuario hombres.
C. Depósito de canastos.
D. Atrio abierto.
E. Sala de estar.

Casa de Baños en Trenton. Vista exterior

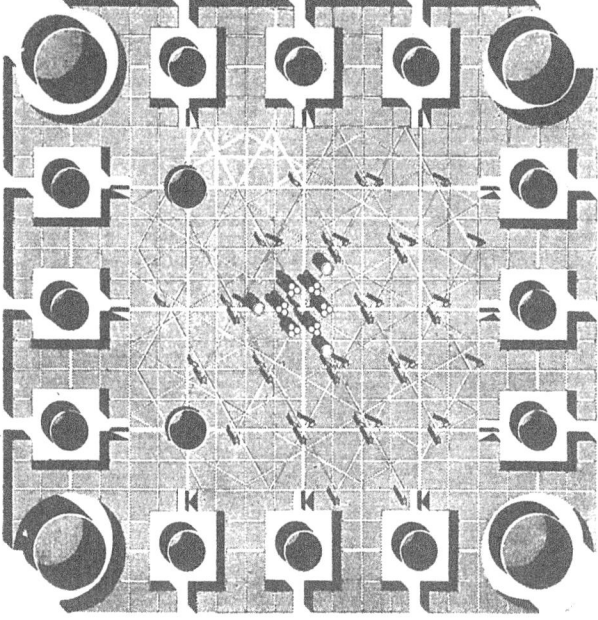

Una torre en la ciudad. Vista.
Una torre en la ciudad. Planta de la playa de estacionamiento.

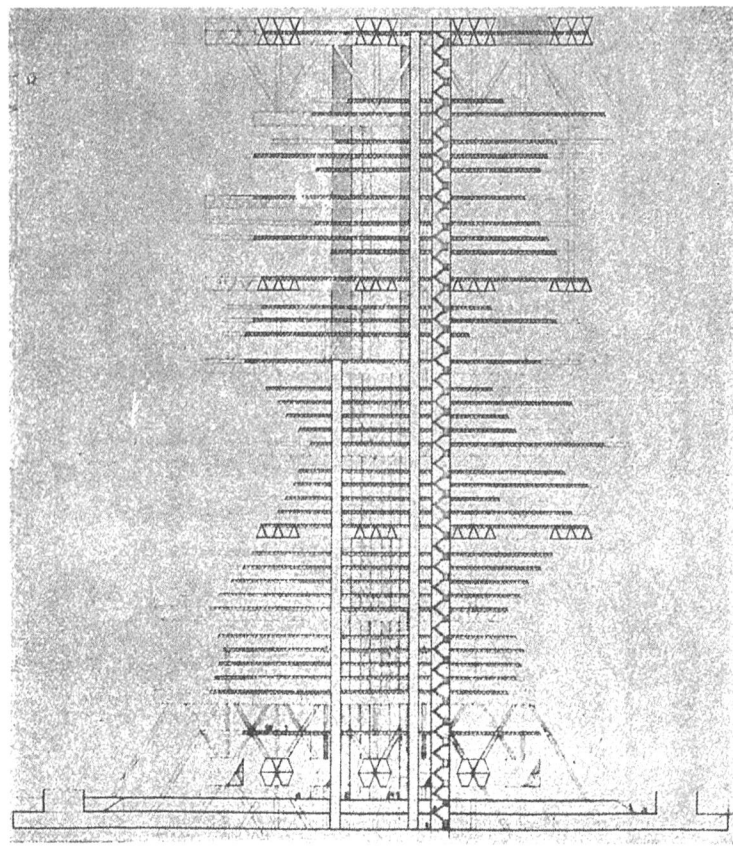

Una torre en la ciudad. Modelo de la torre y de la plaza.

suavizar la luz, de manera que cuando no se esté mirando directamente hacia afuera... cuando se esté en la habitación, en un cierto ángulo, pueda optarse por recibir la luz directamente o no, de acuerdo al ancho de la ventana misma. Así se comienza a notar que los vanos profundos son necesarios; y que ello se debe también a la necesidad de tener algunos asientos al pie de la ventana; se siente que debiera haber algunos porque no se sabe cómo se usará la habitación... esto proporciona cordialidad, un cierto odio por la comodidad y una forma de escaparse de cualquiera y estar solo, aun en una habitación donde haya mucha gente... Una habitación cuyos fines no están establecidos, pero que se halla dedicada constantemente a relaciones humanas y no es nada estricta en lo que se refiere a propósitos... tiene una función muy flexible. Yo sentía que este asiento al pie de la ventana tenía un significado profundo, que se hacía más y más intenso como significado asociado con ventanas. Y de eso se trata. Hay un comienzo real de esto en el plano de la etapa 4, que quedó realmente bien expresado, podría decirse, cuando las ventanas —en vez de ser tan predominantes como en este plano— fueron consideradas con mucho más cuidado (etapa 5). Las ventanas están en el lugar en que realmente se las necesita... y éste fue el resultado final... éste es el plano final... no exactamente, pero casi el plano final... y ésta es la elevación; aquí lo verá mucho mejor:

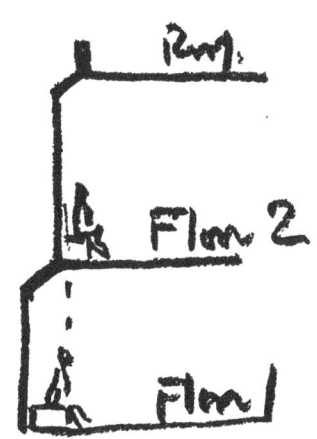

Por ejemplo, hay un asiento al pie de la ventana aquí, en el primer piso, y otro en el segundo, pero no con la misma forma del primero, pues la pared entra... En otras palabras, forma un asiento al pie de la ventana que está más bien contra una pared exterior que en una alcoba. En el piso de abajo se obtiene la luz del costado de esta junta, y en el de arriba de la junta misma.

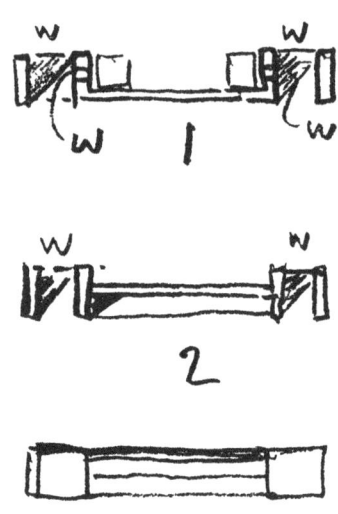

Es, en realidad, un juego con la pared, para conseguir variedad y lograr diversas condiciones alrededor de las ventanas, lo que me llevó a hacer esos cambios. Y a veces este asiento al pie de la ventana se transforma en algo que arriba no es necesario en absoluto y no sería expresado allí. En esta etapa (4), los asientos al pie de las ventanas eran los mismos en los dos pisos. Y... lo que hice fue considerar que se hacía retroceder, podría decirse, la fachada hacia la línea del asiento, como si se estuviera simplemente desplazando algo hacia la fachada. Pero en este caso reconsideré la idea de desplazarlo porque estas paredes pueden ayudar tanto en la construcción de este espacio que resultan mucho más útiles... No se necesitaría una viga si realmente se usaran estas paredes como portantes. Así llegué a todo esto... a hacer retroceder este sector... lo que más tarde fue una parte integral de la etapa 4. Un desarrollo muy importante de la etapa 5 es éste: sobre la biblioteca y la sala de café está ubicada la capilla para la escuela — la escuela para los alumnos. Conseguir luz abajo era un problema... Aunque se podía conseguir luz para darle forma a esta pieza arriba, era difícil conseguirla abajo. De modo que introduje un pozo de luz en cada una de las cuatro esquinas. La luz entraba por arriba y descendía para definir este espacio de abajo. Y como este espacio era oblongo... dos únicas zonas iluminadas no bastaban para expresarlo... Por eso creí que con la luz desde arriba y bajando por pozos, en las esquinas, se daba expresión a la forma de habitación elegida.

Ed.: Cuando Ud. utiliza la luz de esta manera, lo hace para definir los límites de las habitaciones.

K.: Sí, encuentro el límite de la habitación en la forma que usted señala. Estaba preocupado con la luz de esta habitación. Las otras eran más pequeñas; obtendrían su luz, digamos, de un lado, lo que probablemente bastaría para su tamaño.

Ed.: Todavía no me resulta claro lo de la pared escalonada hacia el interior...

K.: La losa llega hasta aquí *(señalando)*, y esto da vuelta, la

losa da vuelta para mantener esto. Y esto se da vuelta hacia abajo y el asiento al pie de la ventana está aquí. Evita el desarrollo de una línea de techo continua... toma las ventanas encajonadas que llegan hasta las esquinas de las habitaciones, y las deja libres como elementos.

En realidad, una de las elevaciones está mal dibujada; la línea del techo está detrás de la ventana. Sí... se puede ver... eso debería estar afuera, porque en realidad debería mantenerse por sí solo. La idea es desarrollar francamente una silueta.

Ed.: Pero el resultado final es que la pared escalonada comienza a parecer un contrafuerte.

K.: No, a mí no me parece... esto es sólo un asiento.

Ed.: No, yo me refiero a la parte interior; la parte escalonada sí que lo parece.

K.: Bueno, podría ser... Sí, claro, podría ser... Esto es en realidad un juego con las paredes para producir una variedad de impresiones en el interior. Puede parecer un contrafuerte. Eso puede criticársele, si le parece.

Ed.: Yo no quise decir una cosa ni otra...

K.: No... hace que se parezca a un contrafuerte... Es una manera de controlar lo que se desea arriba y abajo.

Ed.: Colin Wilson dijo que cuando él estuvo aquí, usted estaba trabajando en una nueva forma de cubrir la parte central... dijo algo sobre mesas de tres patas...

K. (comentando la etapa 5): Se consigue luz desde las cuatro esquinas. Cuatro columnas y aquí una pared de hormigón armado. Y desde esta pared de hormigón el techo sale en voladizo. Esta pared también sostiene estas losas que se cruzan; las vigas no están, las he sacado... pero hay luz. Creo que tenemos los cortes... También hay un axonométrico... Este es un dibujo muy, muy difícil... debe ver el interior mirando afuera... Esto es bastante interesante... esto es bueno acústicamente (*refiriéndose al techo del área central*). El volcar la losa hacia arriba... y éstas son buenas para la reverberación... que se produce en música. Los ingenieros en acústica pidieron que hiciéramos esto un poco más largo... y esto algo hacia abajo, para que hubiera más unidad de espacio y poder suprimir la separación entre los dos...

Estos espacios y aquéllos... formalmente... es una realidad muy interesante...

Ed.: La angulosidad del exterior quedará entonces recogida por las trompas.

K.: Hubo muchos desarrollos más. En un momento dado, yo tenía cuatro techos en forma de hongo con una columna aquí, allí, allí y allí, un techo acá, otro allí, otro allá y otro ahí. Era muy bonito. Renuncié a ello porque detestaba la idea de las columnas en el costado... y debí admitir que estorbaban. Sin embargo, el plano del techo con la columna adentro y las cosas saliendo de él era en realidad una expresión de la construcción más sincera que la otra.. la de sostenerlo con vigas en este punto. Creí que esto era todavía necesario... hasta el final mismo... hasta que hace poco vi que no eran necesarias. Un sentido de la estructura... eso es algo sobre lo que todavía tengo mucho que aprender. Lo tengo y no lo tengo. Tengo otras cosas además que interfieren entre sí. Tengo las fantasías artísticas comunes, ¿me entiende?

Derivé la iluminación de la habitación grande —en verdad es el mismo problema— de la pequeña... pero no pude usar la misma construcción que empleaba en otros lugares... se hacía demasiado importante... este plano es extrañamente evocativo... Es gracioso. Podría haber sido hecho por Saarinen, padre.

Se parece algo y se hizo con muy poca consideración de esto... surgió de empujar hacia el interior un sector de la fachada, de las diversas formas que se introdujeron y lo apropiado que resultó... Como puede advertirse, esto último fue lo decisivo. ¿Es muy gótico, no es cierto? ¿Le molesta eso? A mí me gusta.

El orden en arquitectura

El orden de los espacios integrado con el orden de la construcción

La Casa de Baños de Trenton se basa en un concepto de orden espacial en el que las columnas huecas sobre las que se apoyan los techos piramidales diferencian los espacios principales de los subordinados. Los espacios de 9,15 m x 9,15 m que se hallan bajo los techos no están divididos, y las columnas huecas de 2,44 m x 2,44 m satisfacen las funciones de los espacios menores.

Las paredes de los espacios mayores están colocadas fuera de los límites, continuando las paredes exteriores de las columnas a fin de permitir el pasaje del sol.

Las paredes del depósito de canastos están bien protegidas por el techo, con el objeto de resguardar esta zona de la lluvia.

Cada techo, elevándose, termina en un óculo. El que corresponde al depósito de canastos está vidriado.

Los requisitos espaciales de la Casa de Baños eran simples. El edificio comunal que se proyectó luego para el mismo lugar es un desarrollo posterior de este concepto de orden de los espacios. Espacios de dimensiones y carácter variados de acuerdo a sus necesidades intrínsecas, se prestan al desarrollo de una forma espacial significativa que distinga entre ellos una jerarquía más compleja.

Orden del movimiento y renovación de la ciudad

Una calle quiere ser un edificio.

Los nuevos espacios que quieren ser surgirán de diseños basados en un orden del movimiento.

Un orden que distingue el movimiento *staccato* del de arranque e incluye el concepto de frenado.

La zonificación de las calles por usos caracterizados debe preceder al de la zona del territorio que sirven.

Las rutas son ríos que necesitan puertos.

Las calles son canales que necesitan muelles.

La arquitectura del frenado tiene una importancia igual a la de las murallas que rodeaban las ciudades medioevales.

El diseño de Carcassone se basó en un orden de defensa. Una ciudad moderna se renovará a partir de su concepto del orden del movimiento que es una defensa contra su posible destrucción por el automóvil.

El Centro de la Ciudad es un lugar al que se va, no por el que se pasa.

Grandes puertos para vehículos o torres de entrada municipales rodearán al núcleo central de la ciudad. Ellos serán los portones, los hitos, las primeras imágenes que saluden al visitante. Su lugar en este orden y su ubicación estratégica exigirán del diseñador una forma significativa, como edificios compuestos, de diversos usos. El piso a la altura de la calle puede ser un mercado, el anillo exterior puede ser utilizado para hotel u oficinas, y el núcleo interior como depósito. El cuerpo principal de la entrada en forma de torre entre el perímetro exterior y el núcleo central será una calle serpenteante para llegada y parada de los vehículos.

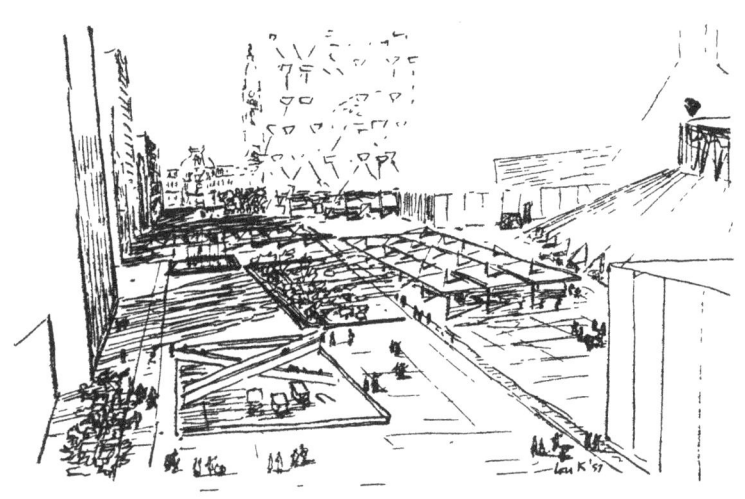

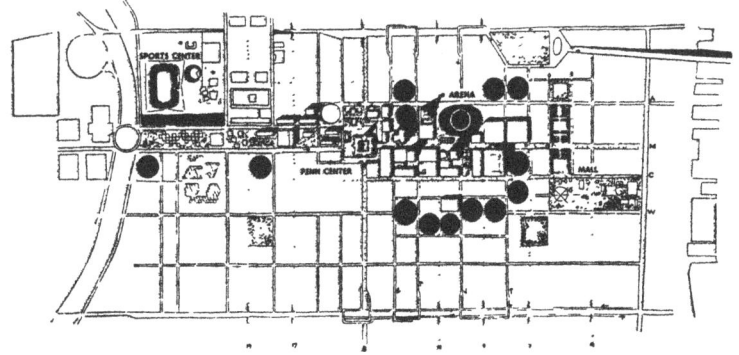

Los espacios y edificios ubicados dentro de los portones deben representar y luchar por satisfacer tendencias gregarias. Sólo la agrupación de todos los centros —cultural, comercial, deportivo, sanitario y cívico— en un Foro podrá inspirar la renovación de una ciudad.

La descentralización dispersa y destruye la ciudad. Los así llamados centros comerciales alejados del Centro son sólo lugares de compras. El comercio no puede existir alejado del centro de la ciudad.

Un estudio ubicado fuera de la ciudad por cuestiones de estacionamiento queda aislado de sus compañeros. Su existencia afuera es limitada, y carece de la vida que irradian los otros lugares en que se reúne la gente. En el Centro su espacio estimulará ideas para su uso y reforzará otros espacios sociales y comerciales con su presencia.

El Centro no tiene que ser necesariamente grande. Es hoy más complejo que una plaza de pueblo. Este Foro, con sus altas torres, posee dimensiones que no exceden lo recorrible a pie.

Las aceras circundantes extenderán esta área.

El Centro es la catedral de la ciudad.

El orden del movimiento y la plaza

Los terrenos y las calles de la ciudad son estructuras que contienen servicios cada vez más complejos e importantes. La plataforma del edificio o plaza trata de materializar una forma significativa basándose en la concepción de que una calle "quiere ser" un edificio organizado espacial y estructuralmente como cualquier otro elemento arquitectónico.

La plaza, un cuadrado de 214 m x 211 m, consta de tres niveles. A nivel de la calle, las esquinas diagonalmente opuestas están diseñadas como accesos a las rampas, alrededor de aberturas con un diámetro de 24,40 m para ventilación e iluminación. Estas rampas conducen a los espacios para servicios y estacionamiento que se encuentran abajo. Las esquinas opuestas de la plaza sirven para el estacionamiento de los taxímetros y ómnibus fuera de la calle. En cada lado de la plaza hay tres patios peatonales de 24,40 m x 24,40 m, penetrados por pozos de ventilación de 12,20 m de diámetro.

Hay escaleras que conducen desde estos patios peatonales a la plaza del nivel superior, y entre ellas están ubicadas escaleras mecánicas que permiten el acceso desde y hacia el nivel inferior. Desde las doce entradas que rodean al cuadrado se llega a una zona comercial ubicada entre los niveles de estacionamiento y la plaza superior. El automovilista que llega al nivel inferior es recibido por la luz natural y el aire puro que llega desde lo alto a través de las aberturas circulares. Las escaleras mecánicas que llevan a los patios pavimentados de granito a nivel de la calle están enmarcadas por una variedad de negocios y entradas. La gran cantidad de áreas comerciales y las facilidades para quienes trabajan en la torre y para el público dan continuidad a las compras y crean animación alrededor de este edificio estratégicamente ubicado.

Las ventilaciones circulares revestidas de granito se llenarán de inscripciones con el correr de los años.

La sombra de estas formas circulares será tan eficaz como la de un árbol y se colocarán bancos alrededor y cerca de ellos.

El orden estructural de un edificio que se eleva

La torre es un ejercicio experimental de triangulación de los elementos estructurales que forman una estructura vertical contra la fuerza del viento. La fuerza de la gravedad es de orden secundario en una torre de gran elevación. Esta estructura contrasta con la convencional construcción trilítica de muchos pisos, acondicionada contra los efectos del viento.

En general, las fachadas de una torre se consideran como un cerramiento que no juega ningún papel en la concepción estructural del edificio.

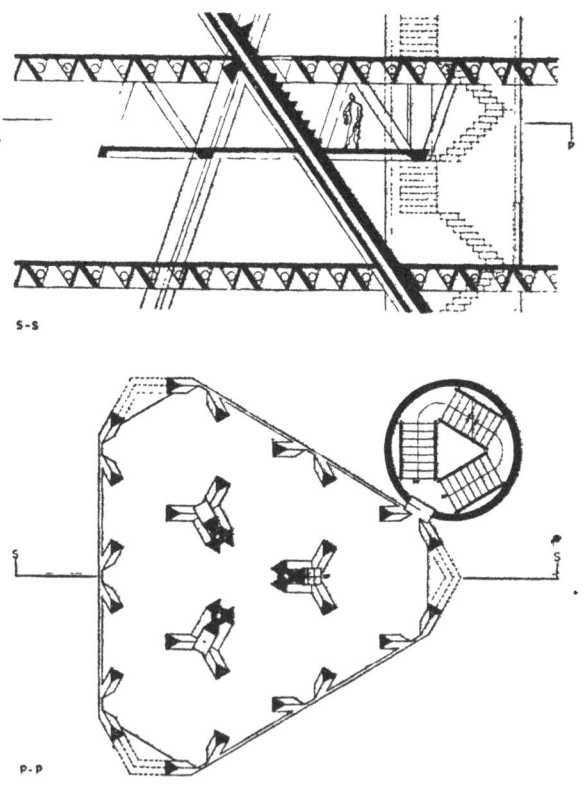

Dado que enfrentan al sol, al viento y a la lluvia, se las puede concebir como el comienzo de la estructura capaz de dispersar o absorber los rayos de sol, o como un contrafuerte contra el viento; formando entonces parte integral de la concepción, contribuyendo al desarrollo de un orden constructivo más elevado. En esta torre los elementos de la estructura, en su ondulación, presentan distintas condiciones al sol y al viento.

Los elementos de hormigón que forman el esqueleto triangular se unen en un punto ubicado cada 20 m, existiendo, por lo tanto, 9 de estas intersecciones en la altura total de 188 m. Los capiteles de las columnas ubicadas en estas intersecciones, de 3,30 m de profundidad, son espacios de servicio. Los elementos más pequeños de la estructura triangular son los tetraedros de 90 cm. de profundidad de las losas del piso en que se encuentra la distribución horizontal de luz y aire. Los 276.075 m² tienen techos que varían en altura desde los 2,44 m a los 16,80 m, destinados a oficinas, espacios públicos y salas de reuniones. Para proteger al edificio del sol y sostener sus paneles de vidrio se proyectó un armazón permanente de aluminio que cubre todo el exterior. Desde cierta distancia no se verían las ventanas en sí. El transeúnte percibiría una red de metal reflejando el color de la luz y su complementario de la sombra.

Orden y forma

El *Orden es*
El *Diseño* es dar forma en el orden
La Forma surge de un sistema de construcción
El Crecimiento es una construcción
En *el orden* está la fuerza creadora
En *el diseño* están los medios —dónde con qué cuándo con cuánto—
La naturaleza del espacio refleja lo que éste quiere ser
    Es el auditorio un Stradivarius
       o es un oído
    Es el auditorio un instrumento creador
       afinado para Bach o Bartok
       ejecutado por el director de orquesta
       o es una sala de congresos
En la naturaleza del espacio está el espíritu y la voluntad de existir de cierta manera
    El *Diseño* debe seguir estrechamente esa voluntad
    Por lo tanto un caballo pintado a rayas no es una cebra
    Una estación de ferrocarril antes que un edificio
    quiere ser una calle
    surge de las necesidades de la calle
       del orden del movimiento
    Un encuentro de contornos vidriado.
A través de la naturaleza el por qué
A través del *orden* el qué
A través del *diseño* el cómo

Una Forma surge de los elementos estructurales inherentes a la forma
    Una cúpula no ha sido comprendida si surgen preguntas sobre cómo construirla
        Nervi hace crecer un arco
        Fuller hace crecer una cúpula
Las composiciones de Mozart son diseños
        Son ejercicios de *orden* —intuitivo—
        El *diseño* incita a más diseños
        El diseño deriva sus imágenes del orden
        Las imágenes son la memoria —la Forma—
        El estilo es un orden adoptado
El mismo *orden* creó al elefante y al hombre
    Son diseños diferentes
    Nacidos de diferentes aspiraciones
    Conformados en diferentes circunstancias
El Orden no implica Belleza
    El mismo orden creó al enano y a Adonis
El *Diseño* no produce Belleza
    La Belleza surge de la selección
        afinidades
        integración
        amor
El Arte es una forma que pone vida en el orden —psíquico—
El Orden es intangible
    Es un nivel de conciencia creadora
    que asciende indefinidamente de nivel
    Cuanto más alto el orden mayor es la diversidad en el *diseño*
El orden sostiene la integración
De lo que el espacio quiere ser lo insólito puede ser revelado al arquitecto
Del orden extraeré fuerza creadora y poder de autocrítica
        para darle forma a ese insólito
De ahí nacerá la Belleza.

Louis I. Kahn

INDICE

Forma y diseño — 7
Una conversación — 27
El orden en arquitectura — 55
Orden y forma — 62

Esta edición, de 1000 ejemplares, se terminó de imprimir en abril de 2011 en Impresiones Sud América, Andrés Ferreyra 3767/69, Ciudad Autónoma de Buenos Aires.